Süditalien
und Sardinien

Symbole

Sehenswürdigkeiten　　 Lieblingsplätze

　　　　　　　　　　　　　　 Nicht versäumen!

 Was Sie sonst noch entdecken können

 Entfernung Flughafen – Stadtzentrum

 Fahrtdauer

 Taxipreis

Hotels　　　　 Luxus

　　　　　　　　 First Class

　　　　　　　　 Mittelklasse

　　　　　　　　 Einfach

Restaurants　　 Teuer

　　　　　　　　　 Mittel

　　　　　　　　　 Günstig

© 2001 Société Les Editions Comex S.A.R.L., Montpellier,
für die Originalausgabe

© 2001 Polyglott Verlag GmbH, München,
für die deutsche Ausgabe

Erste Auflage 2001
Autorin: Pascale Missoud (unter Mitarbeit von Dominique de La Tour)
Fotos: BNF, Daniel Boggini, Galbani (Dominique Azambre),
Istituto Italiano di Cultura, Martini, Pentadom, Zefa/Barone (Cover)
Kartografie: Atelier Bordelais de Cartographie, Les Editions Comex

Deutsche Fassung
Übersetzung: Karin Schulte-Bersch, Inke Raupach
Lektorat: Erika E. Schmitz, Gudrun Hoffmann
Redaktionelle Koordination: Annette Pundsack, Susanne Völler, Redaktion A–Z, Köln
Coverdesign: Independent Medien-Design

Inhalt

Salve!

Der Mezzogiorno – der südliche Teil des italienischen Stiefels – steht noch immer ein wenig im Schatten Norditaliens. Völlig zu Unrecht, denn er lockt mit einer großen Landschaftsvielfalt und

einer Fülle an kulturellen Sehenswürdigkeiten. Eine Reise wert sind nicht nur das selbstbewusste Rom oder das grelle, laute Neapel, die berühmte Sommerfrische Capri oder das antike Pompeji. Auch die ländlich geprägten Abruzzen, die sich bis an die Adria hinabneigen, haben ihren Reiz: Hier kann man auf dem Gran Sasso Ski fahren, sich dann in einem der Nationalparks an der Natur ergötzen und schließlich in Pescara oder Vasto im Meer baden. Kalabrien in seiner wilden, von zwei Meeren umspülten Einsamkeit, wartet mit Schätzen aus griechischer und byzantinischer Zeit auf.

Die Basilikata mit ihren in die Felsen gehauenen Geisterstädten öffnet sich zum Ionischen Meer hin und steht ebenso wie das kleine, verträumte Molise noch ganz im Zeichen der Landwirtschaft. Apulien, der Stiefelabsatz, ist das Land der Kastelle und Trulli, der romantischen Hafenstädtchen und sonnenverwöhnten Weine. Sardinien, auf halbem Weg zwischen dem italienischen Festland und Afrika gelegen, bietet einige hundert Kilometer Küste mit Sandstränden, Steilufern, Grotten, Buchten und Lagunen. Machen Sie sich auf zu einer Entdeckungsreise in den Süden Italiens!

Reiseplaner

An- und Einreise

Mit dem Flugzeug

▶ Linienflüge

Die internationalen Flughäfen von Rom und Neapel werden u. a. von Alitalia, Lufthansa und Crossair bedient. Über Rom und Mailand erreicht man auch andere Orte des Mezzogiorno, so Bari, Brindisi, Lamezia Terme und Reggio di Calabria.

Die größten Flughäfen auf Sardinien, Cagliari-Elmas und Olbia-Costa Smeralda, werden in den Sommermonaten mehrmals wöchentlich u. a. von Lufthansa und täglich von Alitalia angeflogen.

▶ Charterflüge

Mehrere Fluggesellschaften bieten Charterflüge nach Rom und Neapel sowie Sardinien an.

Mit dem Zug

Von zahlreichen deutschen, österreichischen und schweizerischen Großstädten gibt es Direktverbindungen nach Rom und Neapel. Das italienische Eisenbahnnetz ist sehr gut ausgebaut und das Zugfahren verglichen mit anderen europäischen Län-

dern preiswert. Vor der Reise sollte man sich nach Spezialtickets wie dem Eurodomino (erlaubt eine unbegrenzte Anzahl von Fahrten an 3, 5 bzw. 10 Tagen innerhalb eines Monats) erkundigen.

Mit dem Auto

Auf der gebührenpflichtigen Autobahn A 1 fährt man von Norden bis nach Rom, Neapel und Salerno und von dort (gebührenfrei) auf der A 3 in die Basilikata und nach Kalabrien. Über die Autobahn A 14 entlang der adriatischen Küste gelangt man in die Abruzzen, ins Molise und nach Apulien.

Autofahrern ist zu empfehlen, außer den Fahrzeugpapieren und dem nationalen Führerschein auch die grüne Versicherungskarte mit sich zu führen. Die Nationalitätskennzeichen (D, A, CH) müssen am Auto angebracht sein.

Mit dem Schiff nach Sardinien

Fährverbindungen bestehen von den Häfen in Genua, Livorno, Civitavecchia und Neapel. Aber auch von

Frankreich aus kann man nach Sardinien übersetzen. Die Fährschiffe laufen auf der Insel u. a. die Häfen von Cagliari, Golfo Aranci, Olbia, Porto Torres und Arbatax an. Für Bahnreisende bietet sich die Fahrt über Civitavecchia an, da der Zug dort auf die Fähre verladen wird und man auf Sardinien seine Fahrt direkt fortsetzen kann. Die Überfahrt dauert von Genua nach Porto Torres ca. 12,5 Std., von Civitavecchia nach Olbia 7,5 Std. und von Neapel nach Cagliari 16 Std.

Information und Buchung:
Armando Farina GmbH (Vertretung der Schifffahrtsgesellschaft Tirrenia), Tel. (0 69) 6 66 84 92, Fax 6 66 84 77.
Sardinia Ferries, Tel. (0 89) 38 99 91, Fax 33 85 76.

Zollbestimmungen

Reisende aus EU-Ländern dürfen Waren des persönlichen Bedarfs zollfrei einführen. Hierfür gibt es folgende Obergrenzen: 800 Zigaretten, 400 Zigarillos, 1 kg Tabak, 10 l Spirituosen, 90 l Wein und 110 l Bier. Reisende aus der Schweiz, die älter sind als 17 Jahre, dürfen nach Italien einführen: 200 Zigaretten, 50 Zigarillos oder 250 g Tabak, 1 l Spirituosen oder 2 l Wein, 60 ml Parfüm, 250 ml Eau de Toilette sowie Geschenke im Wert von 200 sfr.

Wichtige Adressen

▶ *Italienische Fremdenverkehrsämter (ENIT)*

In Deutschland:
– 10178 Berlin, Karl-Liebknecht-Str. 34, Tel. (0 30) 2 47 83 98, Fax 2 47 83 99.
– 60329 Frankfurt/M., Kaiserstr. 65, Tel. (0 69) 23 74 30, Fax 23 28 94.

– 80336 München, Goethestr. 20, Tel. (0 89) 5 30 36 09, Fax 53 45 27.
In Österreich:
– 1010 Wien, Kärntnerring 4, Tel. (01) 5 05 16 39, Fax 5 05 02 48.
In der Schweiz:
– 8001 Zürich, Uraniastr. 32, Tel. (01) 2 11 36 33, Fax 2 11 38 85.

▶ *Italienische Botschaften*

In Deutschland:
– 10963 Berlin, Dessauer Str. 28–29, Tel. (0 30) 25 44 00, Fax 25 44 01 20.
In Österreich:
– 1030 Wien, Rennweg 27, Tel. (01) 71 25 12 10, Fax 7 13 97 19.
In der Schweiz:
– 3000 Bern, Elfenstr. 14, Tel. (0 31) 3 52 41 51, Fax 3 51 10 26.

▶ *Diplomatische Vertretungen*

Deutschland:
– Botschaft, 00185 Rom, Via San Martino della Battaglia 4, Tel 06 49 21 31, Fax 06 49 21 33 19.
– Generalkonsulat, 80121 Neapel, Via Crispi 69, Tel. 08 12 48 85 11, Fax 08 17 61 46 87.
Österreich:
– Botschaft, 00198 Rom, Via Pergolesi 3, Tel. 0 68 44 01 41, Fax 0 68 54 32 86.
– Generalkonsulat, 80138 Neapel, Corso Umberto I 275, Tel./Fax 0 81 28 77 24.
Schweiz:
– Botschaft, 00197 Rom, Via Barnaba Oriani 61, Tel. 06 80 95 71, Fax 0 68 08 85 10.
– Konsulat, 80121 Neapel, Via dei Mille 16, Tel. 08 17 61 43 90, Fax 08 17 61 17 50.

Vor der Reise

Ideale Reisezeit

Im **Sommer** kann es in Süditalien extrem heiß, im **Winter** – vor allem im Landesinnern – extrem kalt werden. In den Wintermonaten sind eine Reihe von Hotels und Pensionen geschlossen. Dafür hat man Sehenswürdigkeiten wie das Herculaneum oder das Forum dann fast ganz für sich allein.

Für eine Reise nach Süditalien eignen sich besonders das **Frühjahr** und der **Herbst**: Die Temperaturen sind angenehm und alle Hotels geöffnet. Außerhalb der Schulferien locken interessante Preisangebote und von Mai bis Oktober gibt es zusätzliche Flugverbindungen, vor allem Charterflüge.

▶ *Klimatabelle: Durchschnittstemperaturen der Städte in °C*

	Jan.	Feb.	März	April	Mai	Juni	Juli	Aug.	Sept.	Okt.	Nov.	Dez.
Rom	7,1	8,2	10,5	13,7	17,8	21,7	24,4	24,1	20,9	16,5	11,7	8,3
Neapel	8,2	8,8	10,7	13,4	17,6	21,1	23,8	23,8	21,0	16,8	12,5	9,6
Bari	8,7	9,3	10,8	13,4	17,5	21,5	23,8	23,8	20,9	16,8	13,2	10,2
Cagliari	9,7	10,2	11,7	13,7	17,3	21,4	24,1	24,2	21,9	18,0	13,7	10,9
Campobasso	3,7	4,4	6,5	9,6	14,5	18,1	20,9	21,1	17,4	12,9	8,8	5,0
Crotone	9,2	9,6	10,8	13,1	17,3	21,8	24,8	25,0	21,9	17,5	13,7	10,6
Pescara	5,9	6,8	9,2	12,3	16,8	20,6	23,3	22,9	19,7	15,2	10,9	7,1
Potenza	3,4	4,0	6,0	9,1	13,5	17,4	20,0	20,3	16,9	12,3	8,2	5,1

Reisegepäck

Wer im Frühjahr oder Herbst nach Süditalien reist, sollte auf alle Fälle einen Wollpullover im Gepäck haben. Für **Stadtbesichtigungen** empfehlen sich flache Schuhe und für Ausflüge in die Nationalparks ein Paar feste sportliche Schuhe oder Wanderstiefel.

Wenn Sie Touren zu den kulturellen Sehenswürdigkeiten und Strandurlaub miteinander verbinden wollen, dürfen natürlich die Badesachen nicht fehlen. Außerdem sind im Sommer Sonnenbrille und Sonnenschutzmittel mit hohem Lichtschutzfaktor unerlässlich.

Für Italiener und Italienerinnen ist es nicht ungewöhnlich, sich für den abendlichen Besuch eines Restaurants etwas Besonderes anzuziehen (z. B. Jackett und Krawatte bzw. ein elegantes Kleid).

Bei der **Besichtigung von Kirchen** ist dezente Kleidung angesagt: Manche Besucherinnen haben z. B. einen Wickelrock dabei. Dieser lässt sich jederzeit über Shorts knoten und bedeckt die Beine.

Gesundheit

Die medizinische Versorgung in Süditalien unterscheidet sich nicht wesentlich von der in anderen europäischen Ländern, allerdings sind die Krankenhäuser nicht immer so gut ausgerüstet wie z. B. in Norditalien. Vergessen Sie nicht das Formular E 111 der gesetzlichen Krankenversicherung mitzunehmen. Man kann es auch schon vor der Abreise ausfüllen. Mit diesem Schein und gegen Vorlage der Arztrechnungen und Rezepte können Sie sich später die Kosten für die Inanspruchnahme der staatlichen Gesundheitsversorgung in Italien erstatten lassen. Die Krankenkassen übernehmen jedoch selten die vollen Beträge. Deshalb ist der Abschluss einer privaten Reisekrankenversicherung durchaus sinnvoll. Meist ist darin auch der Rücktransport nach einem Unfall oder bei schwerer Krankheit enthalten.

In den **Apotheken,** erkennbar am weißroten Kreuz über der Tür, erhalten Sie alle gängigen Arzneimittel. Sie sind meist von Mo–Sa 9 bis 13 und 15–19.30 Uhr geöffnet und wechselweise mittwochs oder samstags geschlossen.

Wenn Sie für Reisekrankheiten anfällig sind, empfiehlt es sich vorher entsprechende Reisetabletten einzupacken.

Reiseplanung

❱ *Wochenende*

Wenn Sie ein Wochenende lang Zeit haben, sollten Sie nach **Rom** oder **Neapel** fliegen bzw. mit dem Nachtzug dorthin fahren. In zwei Tagen kann man natürlich nicht alles sehen, aber sicherlich weckt ein solches Wochenende den Wunsch nach einem weiteren Besuch. Es ist auch eine gute Gelegenheit, das Angebot zeitlich befristeter Ausstellungen zu nutzen, die in Italien besonders beliebt sind.

❱ *8 Tage*

Dies ist ein angemessener Zeitraum, um **Rom** oder **Neapel** mit seiner unmittelbaren Umgebung (Pompeji, Herculaneum, Sorrent und die Costa Amalfitana) zu besuchen.

In acht Tagen kann man ebenfalls eine interessante Tour auf **Sardinien** unternehmen, z. B. von Olbia über Alghero, Bosa, Barumini und Cagliari bis nach Mamoiada.

Auch für eine Reise durch **Apulien** lohnt es sich, acht Tage einzuplanen: Hier führt die Tour von Canosa über Castel del Monte, Bari, Lecce oder Taranto zum Gargano.

In **Kalabrien** bieten sich Ausflüge ins Aspromonte oder nach Sila Grande an, die sich mit Besuchen antiker Stätten wie Sybaris und Locri verbinden lassen. Keinesfalls verpassen sollte man das Museum in Reggio.

Noch origineller ist eine Reise durch die **römische Campagna** bis zu den schroffen Bergen der Abruzzen oder eine Woche Ökotourismus im **Molise** und in der **Basilikata.**

▶ 12 Tage

Dies ist das Minimum an Zeit, das Sie für die Entdeckung **Roms** und der **Hauptorte des Latium** benötigen: Ostia, Tivoli, die etruskische Nekropole bei Cerveteri, die Albaner Berge und Viterbo.

Man kann sich für diesen Zeitraum auch eine Reise nach **Neapel und Kampanien** vornehmen und die folgenden Stationen besuchen: Vesuv und Pompeji, die Amalfiküste, Capri, Ischia, Benevento, Salerno und Caserta.

Eine zwölftägige Reise durch **Apulien und Kalabrien** wäre aber sicherlich ebenso lohnend.

▶ 15 Tage und länger

Wem für seine Süditalienreise zwei Wochen zur Verfügung stehen, der kann bequem kulturelle Erlebnisse und Badeurlaub verbinden, indem er z. B. **Kalabrien, Sardinien, die Basilikata oder Apulien** bereist und anschließend dem Dolcefarniente in einem der zahlreichen Badeorte frönt. Ideal wäre es allerdings, für eine große Tour durch den Mezzogiorno drei Wochen zur Verfügung zu haben.

Währung und Reisekasse

Bis zur Einführung des Euro bleibt die Lira die italienische Währung, abgekürzt L oder Lit. 1000 L entsprechen 1 DM/0,52 €. Geldscheine gibt es zu 1000, 2000, 5000, 10 000, 50 000 und 100 000 Lire und Münzen zu 50, 100, 200 und 500 Lire.

In Italien werden fast alle Kreditkarten, Reise- und Euroschecks akzeptiert. Die von der Bank von Italien ausgegebenen Reiseschecks lassen sich jedoch nur in den wenigen Wechselstuben (cambio) umtauschen. Oft werden dafür hohe Gebühren verlangt.

In vielen größeren Städten gibt es Geldautomaten (bancomat), an denen man mit der EC- oder Kreditkarte Bargeld bis zu 300 000 L abheben kann.

Das Leben ist in Süditalien billiger als im Norden des Landes. Die **Restaurants** in den von Touristen weniger besuchten Regionen Molise, Abruzzen und Kampanien servieren für 33 000 L eine komplette Mahlzeit. In Rom, Neapel oder Alghero müssen Sie mit 50 000 bis 100 000 L für ein Menü rechnen.

Für ein **Doppelzimmer** an der Costa Smeralda auf Sardinien müssen Sie zwischen 100 000 und 700 000 L einplanen, je nachdem, ob es sich um eine Pension oder ein Luxushotel handelt. Allerdings ist dies auch die bei weitem teuerste Region der Insel. Wer sich das Vergnügen leistet, in einem römischen Palast zu übernachten, muss dafür rund 1 Mio. L hinblättern. Ein Doppelzimmer in einem einfachen Hotel in einem Dorf der Abruzzen bekommt man schon für 70 000 L.

Literaturtipps

▶ Naturführer

- DallaVia, Josef; Kautzky, Johannes: Italien. Landschaften, Tiere, Pflanzen. Hannover 1989
- Föger, Manfred; Pegoraro, Karin: Italien. Reisen und erleben. Tiere und Pflanzen entdecken. 2001

▶ Geschichte

- Bulwer-Lytton, Edward: Die letzten Tage von Pompeji. München 2000
- Hausmann, Friederike: Garibaldi. Geschichte eines Abenteurers, der Italien zur Einheit verhalf. Berlin 1999
- Hausmann, Friederike: Kleine Geschichte Italiens von 1943 bis heute. Berlin 1997
- Procacci, Guiliano: Geschichte Italiens und der Italiener. München 1989
- Schwarzkopf, Johannes; Witz, Cornelia: Ploetz. Italien. Italienische Geschichte zum Nachschlagen. Freiburg i. Br. 1986

▶ Reportagen, Reisebeschreibungen

- Carluccio, Antonio: Die Küche des italienischen Südens. 160 Rezepte aus Kampanien, Apulien, Kalabrien und Sizilien. München 1998
- Cederna, Camilla: Reise in die Geheimnisse Italiens. Sachbuch und Reisebuch. Freiburg i. Br. 1986
- Ceronetti, Guido: Albergo Italia. Meine italienische Reise. München 1993

- Goethe, Johann W. von: Italienische Reise. Frankfurt/M. 1998
- Magnani, Franca: Mein Italien (hrsg. v. Sabina Magnani-von Petersdorff, Marco Magnani u. a.). Köln 1998
- Vollenweider, Alice (Hrsg.): Ein literarischer Reiseführer durch das heutige Italien. Berlin 1996
- Vollenweider, Alice: Italia! Unterwegs zu den verborgenen Schönheiten Italiens. Frankfurt/M. 1997

▶ Kunst

- Braudel, Fernand: Modell Italien, 1450–1650. Stuttgart 1999
- Braunfels, Wolfgang: Kleine italienische Kunstgeschichte. Köln 1984
- Burckhardt, Jacob: Der Cicerone. Eine Anleitung zum Genuß der Kunstwerke Italiens. Stuttgart 1986
- Burckhardt, Jacob: Die Kultur der Renaissance in Italien. Ein Versuch. Hrsg. v. Walther Rehm. Ditzingen o. J.
- Pace, Valentino: Kunstdenkmäler in Süditalien. Darmstadt 1994
- Previtali, Giovanni; Zeri, Federico (Hrsg.): Italienische Kunst. Eine neue Sicht auf ihre Geschichte. Berlin 1987
- Rolf Toman (Hrsg.): Die Kunst der italienischen Renaissance. Köln 1994
- Vasari, Giorgio: Lebensläufe der berühmtesten italienischen Maler, Bildhauer und Architekten. Zürich 1993

Süditalien in Kürze

Handel und Kunsthandwerk

Via Condotti, Via Borgognona, Via Gregoriana – Rom ist, wenn auch weniger als Mailand, ein Schaufenster der **italienischen Mode,** aber auch **Antiquitäten** und **Kunst** können Sie hier erwerben (Via del Babuino). Dazu benötigen Sie jedoch u. U. eine Sondergenehmigung des *Ministero dei Beni Culturali e Ambientali.* Auch Neapel wartet mit schicken Einkaufsmeilen auf, z. B.

Glaswaren und sizilianische »Puppi«: Die Flohmärkte quellen über von Souvenirs

der Via Calabritto und der Via Domenico Morelli, die für ihre **Antiquitäten** berühmt sind. In der Altstadt findet man vor allem Trödel und Kunstgewerbe.

Wer die **Holzschnitzerei** mag, fährt am besten nach Sorrent, und wer eine Vorliebe für Schnitzereien aus Ölbaumholz hat, macht einen Umweg über Caserta. Spezialität der Abruzzen sind **Goldschmiedearbeiten.** Wesentlich erschwinglicher sind allerdings **Lederwaren** (Sulmona), **Spitzen** (L'Aquila) und **Keramik** (Castelli). Süße Spezialitäten gibt es in Sulmona **(Bonbons)** und in Atri **(Lakritz).** Tonwaren kann man überall im Mezzogiorno erwerben, besonders schöne **Keramik** finden Sie in Apulien (Grottaglie) und Kalabrien (Seminara, Squilace). Dort gibt es auch die typischen **Stoffe** mit geometrischen Mustern.

Sardinien ist eine wahre Fundgrube für kunsthandwerkliche Gegenstände, ganz besonders schön sind **Schmuckstücke** aus Goldfiligran oder Korallen (vor allem in Alghero), die reich verzierten **Lederwaren,** die wunderschönen **Webteppiche** vom Gennargentu, **Korbwaren** aus Castelsardo und Flusio, **Keramikgeschirr** aus Oristano und Villaputzu, und nicht zuletzt die aus Holz geschnitzten **Karnevalsmasken** in Nuoro.

Haustiere

Wer sein Haustier mitnehmen möchte, benötigt einen Nachweis über Tollwutimpfung sowie ein Gesundheitszeugnis, das älter als einen und jünger als elf Monate ist.

Essen und Trinken

Jede Region hat ihre eigene Küche:

▋ Rom und Latium
Hier isst man gern gebratenes Lamm *(abbacchio)*, in Schinken gewickelte Kalbsschnitzel *(saltimbocca)*, Gnocchi mit Butter und Parmesan *(alla romana)*, Nudeln mit Kutteln *(pasta alla pajata)*, Zucchiniblüten *(fiori di zucca)*. Dazu wird Ihnen mit Sicherheit ein Frascati empfohlen.

▋ Abruzzen
In den Abruzzen kocht man besonders gern mit Olivenöl und Safran. Bekannt ist die Region für herzhafte Fleisch- und Wurstwaren aus den Bergen sowie für ihren Käse, z. B. *pecorino* und *scamorza*. Probieren Sie auch die *taralli*, mit Mandeln und Zitrone zubereitetes Gebäck.

Die Berge geben dem Wein seinen Charakter, dem weißen Trabbiano wie dem roten Montepulciano, den man auch im Molise kennt.

▋ Kampanien
Neapel ist die unbestrittene Heimat der Pizza, deren Belag bei Puristen nur aus Tomaten und Käse bestehen darf.

Die Amalfiküste liefert täglich frische Goldbrassen und anderes Meeresgetier für den Grill. Außerdem ist die Region berühmt für ihren Wein, den legendären Lacrimae Christi und die Anbaugebiete Greco und Aglianico.

▋ Apulien
Mit Knoblauch, Fenchel und Zwiebeln werden die Nudeln zubereitet, die sich hier in großer Auswahl finden: *troccoli, chiancarelle, fenesceechie* oder auch die *orecchiette,* die typisch für Salento bei Bari sind. Weil in Apulien viel Schafzucht betrieben wird, ist Lammfleisch eine besondere Spezialität. Es wird auf

Die Küche des Südens schwelgt in Farben und Düften

vielfältige Art verarbeitet: *tacche* ist auf traditionelle Art im Backofen gegartes Fleisch, in Lecce serviert man *turcinieddu,* frittierte Lammkutteln mit Kräutern. Die Barockstadt ist auch für ihre köstliche Wurst sowie die Nudeln mit Tomaten und Käse *(rusticce)* bekannt. In Foggia können Sie eine der besten Hartwürste des Landes probieren und in Taranto eine Fischsuppe, die der französischen Bouillabaisse nahe kommt. Zum Nachtisch lässt man sich am besten mit Mandelgebäck aus dem Salento verwöhnen.

Apulien ist der Weinkeller Süditaliens und bietet unschätzbare Tropfen. Zum Essen schmeckt besonders gut ein Rotwein aus Castel del Monte: Cerignola oder Barletta; wer Weißwein vorzieht, mag einen San Severo probieren.

▋ Basilikata
Lassen Sie sich das Gemüse und die Wurstwaren aus Garagusa schme-

cken. Die Reben aus Aglianico, die in der Basilikata eingeführt wurden, geben dem Taurasi die rubinrote Farbe. Zu Ostern erweitert Feingebäck die etwas karge Auswahl an Desserts. Diese werden in der Regel auf der Basis von Feigen, Orangen und Honig hergestellt.

▌ Kalabrien

Kümmel, Lorbeerblatt und Fenchel verleihen der kalabresischen Küche ihren typischen Geschmack, die Aubergine übernimmt eine zentrale Rolle. Bei der Käseherstellung, z. B. beim *butirro*, werden immer noch die traditionellen Verfahren angewandt. Das gilt erst recht für den berühmten echten Mozzarella, der aus Büffelmilch hergestellt wird.

Der Legende zufolge stammt der kalabresische Ciro direkt vom Krimisa ab – dem Wein, den die olympischen Athleten tranken.

▌ Sardinien

Die sardische Küche ist besonders originell, man denke nur an die *malureddus,* spindelförmige Nudeln, oder an die in Honig getauchten Käsekrapfen. Berühmt ist auch *furria furria,* Spanferkel am Spieß.

Auf Sardinien reifen die Weine Vernaccia d'Oristano und Nuragus. Letzterer ist nach den Nuraghen, den über die Insel verstreuten Steintürmen, benannt.

▶ *Spirituosen*

Süditalien ist auch das Land der Liköre: Sie werden aus Eiern (Sardinien), Artischocken (Basilikata), Anis (Latium) oder Zitronen (Amalfiküste) gemacht.

Drogen

Das Dealen mit Drogen sowie deren Konsum stehen unter Strafe.

Elektrizität

220 Volt Stromspannung sind Standard. In einigen Unterkünften benötigt man Zwischenstecker (meist an der Rezeption erhältlich).

Unterkunft

Die großen internationalen Hotelketten sind in Rom vertreten. In den Regionen reicht das Angebot an Unterkünften vom Fremdenzimmer in der Familie bis zum Luxus- oder Traumhotel in einem alten, stilecht renovierten Palast. Klassifiziert wird von einem bis zu vier Sternen. In der Regel sind aber alle Zimmer vergleichsweise klein. Sehr beliebt ist inzwischen eine Art Urlaub auf dem Bauernhof *(agriturismo).* Informationen dazu erhält man bei Agriturist in Rom, Tel. 0 66 85 21.

Ortszeit

Es gibt keine Zeitverschiebung gegenüber Deutschland.

Öffnungszeiten

Der Reisende steht in Italien nicht selten wider Erwarten vor einer verschlossenen Eingangstür. Natürlich müsste das Museum heute geöffnet sein, natürlich stehen Sie zur rechten Zeit davor, aber ein Nickerchen des Küsters, ein Streik, die Erkrankung des Hausmeisters oder ein Fest am Ort sind durchaus Gründe für eine vorübergehende Schließung. Umso mehr sind die Bemühungen

eines Vereins in Neapel zu würdigen, der in ehrenamtlicher Tätigkeit bestimmte Baudenkmäler geöffnet hält, die bereits seit Jahren geschlossen waren. Man sollte auch nicht vergessen, dass man im Süden ist; mit Humor und Höflichkeit bzw. einer angemessenen *mancia* (»Trinkgeld«) lassen sich Wunder bewirken.

Banken sind Mo–Fr 8.30–13.30, 15–16 Uhr geöffnet, an Feiertagen geschlossen. Die **Postämter** öffnen Mo–Fr 8.30–14 Uhr, Sa sowie am letzten Tag im Monat von 8.30 bis 12 Uhr. Geschäfte haben meist von 9–13, 15.30–19.30/20 Uhr geöffnet. Die Siesta ist für die meisten eine heilige Zeit. Ein großer Teil der **Museen** schließt bereits am frühen Nachmittag.

Büros und **Geschäfte** sind an Feiertagen geschlossen. Dann (und auch am Fest des örtlichen Schutzpatrons) fahren die öffentlichen Verkehrsmittel nur eingeschränkt.

Touristeninformation

In jeder größeren Stadt finden Sie ein regionales Verkehrsamt, *Azienda di Promozione Turistica (APT)*. Touristeninformation **in Rom:** Via Parigi 5, Tel. 06 48 89 91; **in Neapel:** Piazza dei Martiri 58, Tel. 0 81 40 53 11.

In Rom gibt es eine Polizeiwache mit einem eigens für Touristen eingerichteten Informationsbüro, das sogar Dolmetscher vermittelt: Tel. 06 46 19 50, 06 48 66 09.

Sprache

Das sich aus dem Toskanischen herleitende Italienisch ist die Amtssprache. Daneben werden zahlreiche Dialekte gesprochen, deren Ausbreitung sich manchmal auf einzelne Stadtviertel beschränkt. In den Touristenorten spricht man häufig Deutsch und/oder Englisch.

Medien

Die Italiener sind begeisterte Zeitungsleser. Zwei große **Tageszeitungen,** »La Repubblica« und »Il Messaggero«, machen sich den besten Platz an den Kiosken streitig. Darüber hinaus hat jede Region ihre eigenen, nur lokal verteilten Tageszeitungen. Weil sie eine Fülle von Informationen über das kulturelle Leben der Stadt enthalten, sind sie auch für den Besucher interessant.

Theateraufführungen, Konzerte, Kinofilme, Sportveranstaltungen,

Die Italiener sind begeisterte Zeitungsleser

Ausstellungen sowie Darbietungen aller Art werden in äußerst praktischen **Wochenbeilagen** angekündigt und kommentiert.

Das öffentlich-rechtliche **Fernsehen** RAI sendet auf drei Kanälen und wetteifert vor allem mit den drei Kanälen des Medienzaren Silvio Berlusconi um Einschaltquoten. Insgesamt sind mehr als 50 Fernsehprogramme zugänglich.

Passeggiata

Die *passeggiata* beginnt am späten Nachmittag und wird von der gesamten Bevölkerung gepflegt: Jugendliche, Singles um die 30, Familien mit *bambini*, ältere Leute bummeln ohne festes Ziel, bleiben stehen, um sich zu unterhalten und gehen weiter. Lange Zeit war dies ein Vorrecht der Männer, aber seit etlichen Jahren beteiligen sich auch die Frauen daran.

Fotografieren

Wenn Sie in abgelegene Gegenden fahren, sollten Sie einen Vorrat an Filmen und Lithiumbatterien mitnehmen. Auf Sardinien wird beides überteuert angeboten. Filme, die an den Ausgrabungsstätten verkauft werden, waren oft zu lange dem Sonnenlicht ausgesetzt. Fotografieren ist in Kirchen und Museen meist verboten.

Telefon

Telefonzellen findet man fast überall. Sie funktionieren mit Münzen, Karten (zu 10 000 L) oder Telefonmarken *(gettoni)*, die an Zeitungskiosken oder in Tabakläden erhältlich sind. Auf den Postämtern kann man nicht telefonieren. Das fällt jetzt in die Zuständigkeit der Telecom Italia (früher Sip).

Um von Deutschland, Österreich oder der Schweiz nach Italien zu telefonieren, wählen Sie 00 39, dann die Teilnehmernummer, in die seit 1998 die einstigen Vorwahlnummern eingeschlossen sind (und stets mitgewählt werden müssen). Einige Beispiele:
Rom: 06; L'Aquila 08 62; Neapel: 0 81; Bari: 0 80; Brindisi: 08 31; Cagliari: 0 70; Cosenza: 09 84; Reggio di Calabria: 09 65.

Um von Italien nach Deutschland zu telefonieren, wählt man 00 49, nach Österreich 00 43 und in die Schweiz 00 41, danach die Ortsvorwahl (ohne die 0), dann die Teilnehmernummer.

Trinkgeld

In den Hotels ist der Service mit 15 bis 18 % im Preis inbegriffen. Dem Kofferträger können Sie 2000 L pro Gepäckstück geben. In den Cafés und Bars betragen die Steuern 15 %, Trinkgeld nicht inbegriffen. Wenn Sie an der Bar einen Kaffee trinken, lassen Sie 200 L zurück. Im Restaurant, wo die Bedienung mit 15 % im Preis eingerechnet ist, gibt man ein Trinkgeld von 5 bis 10 %. Auch die Taxifahrer freuen sich über ein Trinkgeld.

Restaurants

Im Restaurant sind Gedeck *(coperto)* und Brot *(pane)* nicht im Preis inbegriffen, sie erscheinen als Extraposten auf der Rechnung. Manchmal ist darin der Preis für Mineralwasser enthalten.
Bar: Hier gibt es an der Theke und am Tisch Sandwiches und *espressi*.
Caffè: Das Richtige um eine Tasse Kaffee oder ein Glas Wein zu trinken, Kuchen oder ein Sandwich *(tramezzino) zu* essen.
Panineria: Neuitalienisch für eine Bar, in der es *panini* (belegte Brötchen) gibt.
Pizzeria: Ein einfaches Restaurant, in dem vor allem Pizza serviert wird.
Trattoria: Hier wird gekocht wie bei den Italienern zu Hause. Die Preise liegen im Allgemeinen unter denen eines *ristorante*.
Ristorante: Für gehobenere Ansprüche. *Antipasti* (Vorspeisen), Nudelgerichte oder Suppen, Hauptgerichte, Salate, Desserts.
Gelateria: Eisdiele.

Scacciapensieri

So heißt in Italien die Maultrommel – wörtlich »Gedankenjäger«. Dieses **volkstümliche Instrument** besteht aus einem kleinen hufeisenförmigen Metallbügel, an dem eine Stahlzunge befestigt ist. Man nimmt es in den Mund und zupft mit dem Finger am überstehenden Teil der Stahlzunge, wobei die Mundhöhle als Resonanzraum dient. Maultrommeln findet man fast nur noch in Souvenirläden. Rosa Balestreri ließ ihre Chansons von diesem Instrument begleiten und Ennio Morricone setzte es bei seinen Kompositionen für »Spiel mir das Lied vom Tod« ein.

Sciopero

Mit einem *sciopero* (Streik) müssen Sie in Italien immer rechnen, schließlich schlägt dieses Land bei Arbeitsniederlegungen alle Rekorde.

Sicherheit

Im Allgemeinen kann man sich in Italien sicher fühlen. In Großstädten ist allerdings Vorsicht geboten: Häufige Delikte sind Handtaschenraub vom vorbeifahrenden Motorroller aus, besonders an Bahnhöfen und vor Sehenswürdigkeiten, Taschendiebstahl in den öffentlichen Verkehrsmitteln und Museen sowie Autodiebstahl. Vergessen Sie auf keinen Fall, Ihren Wagen abzuschließen. Seien Sie stets mit kleinen Geldsummen unterwegs (um ggf. einen Dieb zufrieden zu stellen) und nutzen Sie die in allen Hotels zur Verfügung stehenden Safes.

▌ Nützliche Telefonnummern:
Carabinieri: 112
Polizei: 113
Feuerwehr: 115.
Deutsche Botschaft in Rom: 06 49 21 31.

Sport

Reiten ist ein beliebter Sport. Mehr als 40 in verschiedenen Vereinigungen organisierte Reiterzentren verteilen sich über das Land.

Auch **Anglern** hat Italien etwas zu bieten: Forellen, Äschen, Weißfisch, Karpfen, Barsch, Schleie, Hecht und Plötze in den Seen und Flüssen. Für das Angeln in Süßwasser benötigt man eine Genehmigung. (Informationen bei Federazione Italiana della Pesca Sportiva, Viale Tiziano 70, Rom.)

Fischfang unter Wasser ist ebenfalls möglich, allerdings auf 5 kg Fische, Schalentiere und Muscheln täglich begrenzt. **Tauchen** kann man von März bis Oktober.

Fußball ist äußerst populär und lockt von September bis Juni Scharen von Menschen in die Stadien.

Angebote bezüglich **Wasserski** und **Segelsport** findet man in den meisten Jachthäfen und Touristenzentren am Meer, und **Tennis** gehört zu den klassischen Angeboten zahlreicher Hotels.

Der Fiat 500 lässt sich von den süditalienischen Straßen nicht wegdenken

Reisen im Land

▶ Mit dem Auto

In den großen Städten sind sämtliche internationalen Autovermieter vertreten. Manche Straßen (z. B. Salerno–Reggio di Calabria) sind nicht sehr breit, und Nebenstrecken werden nicht laufend in Stand gehalten. Fahren Sie also vorsichtig. Die Italiener fahren in der Regel schnell und haben ein gutes Reaktionsvermögen. Auf Capri, Ischia und Procida sind nur Fahrzeuge von dort angemeldeten Haltern zugelassen. Wohnmobile und Wohnwagen dürfen auf der amalfitanischen Küstenstraße nicht fahren. In Neapel und Palermo kann bei starker Luftverschmutzung der Autoverkehr verboten werden.

▶ Mit dem Zug

Das Schienennetz der italienischen Eisenbahn (Ferrovie dello Stato) erstreckt sich auf mehr als 16 000 km. Es gibt zwei Klassen. Man kann die Fahrkarten im Zug kaufen, zahlt dann aber einen Zuschlag von 20 %. Die Fahrpläne werden nicht immer eingehalten, ausgenommen bei Zügen wie den Pendolini.

▶ Mit dem Schiff

Die Inseln sind leicht zu erreichen, allerdings gibt es im Sommer lange Warteschlangen vor den Fähren. Zu den großen Fährbetrieben gehören Grandi Navi Veloci, Sardinia Ferries, Tirrenia, New Olympic Ferries. Hinzu kommen die Linien, die Civitavecchia und San Giovanni in der Provinz Reggio di Calabria mit Sizilien und Sardinien verbinden.

Umgangsformen

Beim Besuch religiöser Sehenswürdigkeiten ist dezente Kleidung erforderlich.

Süditalien kämpft um das Überleben. Vermeiden Sie deshalb Vergleiche mit Norditalien oder gar Lobeshymnen auf diesen Landesteil. Auch bei Anspielungen auf die Mafia reagieren die Leute empfindlich.

Gegenüber Frauen sollte man mit Komplimenten und zweideutigen Bemerkungen, vor allem außerhalb der Großstädte, zurückhaltend sein.

Titel wie *Ingegniere, Dottoressa, Don* in der Anrede sind wichtig. Sie wegzulassen gilt bei Italienern meist als plumpe Vertraulichkeit.

Was kostet das?
(Durchschnittspreise)

1 Espresso	1500 L / 1,50 DM / 0,80 €
1 Cappuccino	2200 L / 2,20 DM / 1,15 €
1 belegtes Brötchen *(panino)*	6000 L / 5,90 DM / 3 €
1 großes Glas Bier	6000 L / 5,90 DM / 3 €
1 Glas Wein	5000 L / 5,10 DM / 2,60 €
1 Pizza	9000 L / 8,80 DM / 4,50 €
1 Museumsticket	8000 L / 7,50 DM / 3,80 €

Land, Geschichte, Menschen

Geografie, Fauna & Flora

Der Mezzogiorno umfasst ungefähr die Hälfte des italienischen Stiefels und beginnt in Latium, noch oberhalb Roms. Der Süden besteht aus sieben Regionen: Latium, Abruzzen, Kampanien, Molise, Apulien, Basilikata und Kalabrien. Hinzu kommen die beiden größten Inseln des Landes, Sardinien und Sizilien.

Das Gebiet ist auf drei Seiten von Meer umgeben: dem Tyrrhenischen Meer, dem Ionischen Meer und der Adria.

Der Süden ist weniger gebirgig als der Norden, wird aber deutlich durch die Bergkette des Apennin gegliedert. Sie durchzieht die gesamte Halbinsel und ist in Kalabrien am zerklüftetsten. Nach dem Ätna auf Sizilien (3340 m) ist der Gran Sasso in den Abruzzen (2914 m) der höchste Berg des Südens.

Sardinien weist ebenfalls ein eher gemäßigtes Höhenprofil auf. Seine höchste Erhebung ist der Gennargentu (1834 m).

Die vier noch aktiven Vulkane Italiens befinden sich alle im Süden. Im Übrigen bestehen etwa zwei Drittel des italienischen Territoriums aus Ton, Schiefer, Mergel und Sand, sodass es bei starken Regenfällen häufig zu Erdrutschen kommt.

▶ *Fauna und Flora*

Im Naturpark des Apennin gibt es noch Bären und Wölfe, Letztere vor allem in den Abruzzen und im Pollino-Park. Dort findet man auch noch Kaiseradler. Auf Sardinien leben u. a. Mufflons, Damhirsche, Adler und Gänsegeier.

An den Küsten ist die Flora mediterran: Agaven, Kakteen, Pinien und Zypressen. In den Bergen Kampaniens, Kalabriens und im Pollinomassiv findet man schönen Hochwald. Die Flanken des Apennin sind auf der adriatischen Seite trockener als zum Tyrrhenischen Meer hin.

Steckbrief	
Name	
Italien (Italia)	
Lage	
Im Süden Europas	
Fläche	
301 268 km², einschließlich zweier unabhängiger Staaten: Vatikan und San Marino	
Bevölkerung	
58 Mio. Einwohner	
Besiedelungsdichte	
188 Einwohner./ km²	
Hauptstadt	
Rom (2,8 Mio. Einwohner)	
Staatsform	
Parlamentarische Republik	
Staatspräsident	
Carlo Azeglio Ciampi	
Amtssprache	
Italienisch	
Währung	
Lire *(lira)*	
Religion	
Zu 83 % katholisch	
Arbeitslosigkeit	
12 % (25 % in Kalabrien)	

Im Blick: Geschichte

Die Geschichte des italienischen Südens wurde in ihren Anfängen von der Auseinandersetzung zwischen Griechen und Römern geprägt. Nachdem Rom Süditalien lange Zeit beherrscht hatte, ging die Macht an Neapel über. Im Zuge der italienischen Einigung wurde der Mezzogiorno, ein Landesteil der in seiner Eigenständigkeit oft unterschätzt wird, wieder Rom unterstellt.

Frühgeschichte

Prähistorische Spuren finden sich in Süditalien kaum. Eine bemerkenswerte Ausnahme sind die **Nuraghen:** 8000 über Sardinien verteilte Türme, die offenbar als symbolische Wächter gegen die Kräfte des Bösen dienten.

Im 12. Jh. vor Christi Geburt siedeln **indoeuropäische Volksgruppen** im Süden Italiens: Latiner und Sabiner in Latium, Samniten in den Abruzzen, Kampanier in Kampanien, Lukanier in Lukanien (heute: Basilikata), Dorer in Apulien und Bruttier in Kalabrien. Die **Etrusker,** deren Siedlungszentrum in der Toskana liegt, dehnen ihren Einflussbereich bis nach Süditalien aus.

❱ *Die Griechen*

In der Zwischenzeit reihen Griechen aus Euböa, Rhodos und Korinth an den süditalienischen Küsten Stadt an Stadt: **40 berühmte Städte** wie Kroton und das freundliche Sybaris in Kalabrien, Taranto in Apulien und Neapolis, das spätere Neapel, sowie die sizilianischen Gemeinwesen. Dieses Großgriechenland (»Magna Graecia«) mit seinen makellosen Tempeln und Theatern stellt sogar Athen in den Schatten und prägt die Region vom 7. bis zum 2. Jh. v. Chr. nachhaltig. Bis ins Mittelalter hinein wird hier noch Griechisch gesprochen.

▶ Die Punier

In dieser Zeit bleiben auch die Punier (Phöniker und Karthager) nicht untätig. Sie gründen **Handelsniederlassungen auf Sardinien**. In Tharros, Antas, Sulcis und Caralis lodern die Flammen der Scheiterhaufen: Die Erstgeborenen jeder Familie werden zu Ehren des Gottes Moloch verbrannt.

Römische Herrschaft (753–476 v. Chr.)

Seit 753 v. Chr. spiegelt sich eine befestigte Siedlung in den Wassern des Tiber: **Rom**. Die etruskischen Herrscher hatten es zu einer Handelsmetropole gemacht, die beiden Flussufer ausgebaut und ein Abwassersystem geschaffen. Die Adelsfamilien bereichern sich immer mehr. Sie wollen einen Anteil an der Macht, der ihrer wirtschaftlichen Bedeutung entspricht. Die **Republik** tritt an die Stelle des Königtums und wird von den **Adligen und Senatoren** regiert, die sich die Zustimmung von Teilen des einfachen Volks jeweils durch Gunsterweis sichern.

▶ Die Punischen Kriege

Der junge Staat wächst und fühlt sich bald in der Lage, das mächtige Karthago anzugreifen. In der Zeit von 263 bis 146 v. Chr. finden die drei Punischen Kriege statt. Der zunächst in Neapel siegreiche **Hannibal** unterliegt schließlich den Römern, die die Vorherrschaft über das westliche Mittelmeer gewinnen.

▶ Alle Wege führen nach Rom

Nachdem nun alle Rivalen im Mittelmeerraum besiegt sind, wird Rom zum Machtzentrum der Region. Die **Via Appia** verbindet die Stadt mit dem Süden, sie reicht bis Brindisi in Apulien. Ab 90 v. Chr. können die Volksgruppen im unteren Teil des Stiefels römische Bürger mit allen Rechten werden.

Von der eigenen Macht berauscht, taumelt die Republik in eine lange Reihe von **Verschwörungen** und **Bürgerkriegen**. Die schwerste Krise entsteht 73 v. Chr., als sich die Sklaven unter Führung des Gladiators **Spartacus** erheben. Tausende von Kreuzigungen beenden den Aufstand. Staatsbürgerliche Besonnenheit ist aber zu einem raren Gut geworden. Rom sehnt sich nach einem starken Mann und findet ihn in dem ehrgeizigen Feldherrn, der die Gallier unterwirft: **Julius Cäsar**.

▶ Das Kaiserreich

Cäsar lässt sich noch Diktator nennen, erst unter **Augustus** wird die Republik zum Kaiserreich. Diese Entwicklung verstärkt den Zentralismus, der das Römische Reich gegenüber anderen Kulturen, die weniger geeint sind, begünstigt.

Hannibal blieb nicht viel Zeit, sich Neapels Genüssen hinzugeben

79 n. Chr. fällt Herculaneum einem Ascheregen zum Opfer

und das griechisch-oströmische Reich (Hauptstadt: Byzanz) Der letzte weströmische Herrscher stirbt 476 ausgerechnet in Neapel. Das byzantinische Reich sieht sich jedoch bald in Süditalien den Angriffen der neuen Machthaber des Nordens, der **Langobarden,** ausgesetzt. Als die **Araber** sich im Jahr 827 auf Sizilien niederlassen, bilden auch sie eine Bedrohung für das übrige Süditalien.

Rom unterwirft sie nicht nur durch die Stärke seines **Heeres,** sondern auch durch das Geschick der **Verwaltung:** Ein ausgeklügeltes System integriert die verschiedensten Glaubensbekenntnisse und setzt ein effizientes Wirtschaftssystem durch.

79 n. Chr. begräbt ein **Ausbruch des Vesuv** die Städte Pompeji und Herculaneum. Eine Mahnung der Götter? Die alten römischen Werte scheinen bedroht: Durch die Einwanderung ausländischer Bürger findet die Anhängerschaft orientalischer Gottheiten großen Zulauf, wohingegen die römischen Götter und der Kaiserkult an Bedeutung verlieren.

Die byzantinische Herrschaft (476–800)

Mit Hilfe einer neuen Staatsreligion, des Christentums, versucht **Kaiser Konstantin** die römische Herrschaft wieder zu stabilisieren. Aber ob das genügt, um ein Reich zu retten? **»Barbarenvölker«** kommen über die Grenze und verteilen sich im Süden Italiens. Das Reich wird geteilt. So entsteht das lateinisch-weströmische Reich (Hauptstadt: Ravenna)

Zwischen Papst und Kaiser (800–1458)

Die Macht der römischen Kaiser früherer Zeiten im Blick, erlangen die **Bischöfe von Rom** zunächst das Primat gegenüber ihren Amtskollegen, um dann allmählich auch die weltliche Macht des Papsttums in Italien zu begründen. Dabei stützen sie sich auf ein gefälschtes Dokument, die »Konstantinische Schenkung«. Das Papsttum bekräftigt seine weltliche Macht 800 durch die Krönung **Karls des Großen** zum Kaiser. Seine Nachfolger jedoch stoßen sich immer wieder an der von Machtstreben vergifteten Allianz: Ganz Italien wird von den Auseinandersetzungen zwischen den Papstanhängern (Guelfen) und den Anhängern des Kaisers (Ghibellinen) ergriffen.

▶ *Die Normannen*

Um sich die Macht über die gesamte italienische Halbinsel zu sichern, bringt der Papst Abenteurer aus der

Normandie dazu, sich der byzantinischen und sarazenischen Enklaven zu bemächtigen. Aber die Normannen setzen sich über den Auftrag des Papstes hinweg. **Robert Guiscard** wird zum mächtigsten Mann Süditaliens. Er und seine Nachfolger schaffen ein blühendes Reich, das **arabische Kultur** und **griechisches Wissen** zusammenführt. Die Universitäten von Neapel und Palermo sagen sich von den kirchlichen Dogmen los. In Salerno (Kampanien) kann man sogar Medizin wie zu Zeiten des Hippokrates studieren.

▶ *Die Herrschaft der Anjou*

Friedrich II., Sohn Kaiser Friedrichs I. und Konstanzes, der Erbin des normannischen Königreichs Sizilien, zieht nach Süditalien. Dort baut er prachtvolle Burgen, darunter das berühmte **Castel del Monte** in Apulien. Eine eigenständige Kultur und Verwaltung blüht unter seiner Herrschaft auf, aber das gefällt dem Papst ganz und gar nicht. Als er stirbt, setzt der Pontifex **Karl von Anjou**, den Bruder des französischen Königs, Ludwigs des Heiligen, auf den Thron. Die Herrscher von Anjou etablieren von Neapel bis Sizilien erneut ein Feudalsystem, das allerdings nicht von langer Dauer ist.

Wechselnde Herrscher, stürmische Zeiten (1458–1860)

Nach der Vertreibung der Anjous fällt Süditalien an das spanische **Haus Aragon.** Diesem verdankt übrigens Sardinien sein Wappen mit den Köpfen von vier maurischen Anführern, die während der Reconquista geköpft wurden. Unter **Karl V.** kommt die Region dann an die **Habsburger.** Mit Hilfe der Inquisition löschen die habsburgischen Herrscher alles aus, was noch an muslimischer, jüdischer und byzantinischer Kultur geblieben ist. Durch ihre Seestreitmacht dämmen sie das Vordringen der Türken im Mittelmeer ein. Für die Päpste stehen die Dinge jetzt zum Besten. Rom wird wieder aufgebaut. Dies ist die Stunde der Renaissance.

Das unter Friedrich II. erbaute Castel del Monte sah Blütezeit und Niedergang der staufischen Macht

▶ Napoleon, König von Italien

Neapel – in dieser Zeit größte Stadt Europas – wird von den **spanischen Bourbonen** regiert. Sardinien wiederum steht seit 1720 unter **savoyischer Herrschaft**. Ausgeblutet von Steuern und Zwangsaushebungen erträgt die Region den Reigen wechselnder Herrscher immer schlechter. Der Zorn im Volk wächst und wird durch den Siegeszug der **Revolution** in Frankreich, das sich so erfolgreich der anderen Bourbonen entledigte, noch angestachelt. Ein junger Korse, **Bonaparte,** nimmt an einer Invasion Sardiniens teil, die aber scheitert. 1796 rächt er sich, indem er ganz Italien unterwirft und sich zum König des Landes macht. Er selbst kommt nie nach Rom, setzt aber für die laufenden Geschäfte Verwandte ein: Das Königreich Neapel geht zunächst an seinen Bruder **Joseph,** später an den Schwager **Murat.**

▶ Hitzige Revolten

Nach dem Zusammenbruch der napoleonischen Herrschaft 1815 wird Süditalien wieder unter Bourbonen im **Königreich beider Sizilien** vereint. Murat versucht, die Macht zurückzuerobern, er scheitert jedoch und wird in Pizzo (Kalabrien) erschossen. 1821 provozieren die *carbonari,* ein Geheimbund aus Priestern und Intellektuellen, einen Aufstand und verlangen vom Herrscher die Einführung der konstitutionellen Monarchie. Diese Initiative schlägt zwar fehl, doch nun erhebt sich auch die Landbevölkerung: Sie fordert eine neue Verteilung von Grund und Boden. **1848** kommt es im Mezzogiorno wie in ganz Europa erneut zu Aufständen. Nur Sardinien nimmt an der Revolte nicht teil. Die Insel wird nach wie vor vom **Herzog von Savoyen** regiert, der inzwischen auch König von Piemont-Sardinien geworden ist. Er unterstützt nicht ganz uneigennützig ein großartiges Projekt: die italienische Einigung.

Einigung oder Annexion? (1860–1900)

1860 verständigen sich Monarchisten und Republikaner darauf, alle ausländischen Mächte, insbesondere die Bourbonen, aus Italien zu verbannen. Sie unterstützen **Garibaldi,** der von Sizilien aus mit tausend Mann die Halbinsel heraufzieht. Sie werden von einfachen Volk wie von opportunistischen Honoratioren enthusiastisch begrüßt. In Volksabstimmungen schließt sich der ganze Süden Piemont-Sardinien an. In Teano (Kampanien) kann sich **Viktor Emanuel** zum König eines geeinten Ita-

Die Tarantella gilt als einer der klassischen folkloristischen Tänze Süditaliens, besonders Neapels

lien salben lassen. 1871 erobert Garibaldi auch den Kirchenstaat. Rom wird Hauptstadt. Daraufhin ziehen sich die Päpste 60 Jahre lang in die Engelsburg zurück.

▶ Ausgebluteter Mezzogiorno

Die Landbevölkerung fordert die Einlösung der Versprechen des Königs, wird aber stattdessen unterdrückt. Dabei bedient sich die Geheimpolizei sogar der kriminellen Organisation **Camorra.** Die Regierung orientiert sich einseitig an der Entwicklung des Nordens, der Mezzogiorno bleibt sich selbst überlassen und verkommt zum »Armenhaus Europas«. Viele Süditaliener suchen ihr Glück im Ausland.

Zeit der großen Ideale (1900–1943)

1921 gründet der Sarde Antonio Gramsci die **Kommunistische Partei Italiens.** Aber die Faschisten marschieren bereits auf Rom und der eingeschüchterte König überträgt die Regierung an **Mussolini.** Dieser lässt sich **Duce** (»Führer«) nennen und gewinnt seine Anhängerschaft im Süden vor allem durch landwirtschaftliche Neuerungen und den Ausbau der Stromversorgung.

Im Jahr 1929 begründen die **Lateranverträge** die Eigenständigkeit des Vatikans in der Hauptstadt Italiens.

▶ Pakt mit Hitler

Wegen seiner Kolonialpolitik wird Italien boykottiert. Das Land paktiert mit **Hitler** und tritt am 10. Juni 1940 auf der Seite Deutschlands in den Krieg ein. Als der italienische Marine-

hafen vor Taranto (Apulien) von den Briten vernichtet wird, besetzt die Wehrmacht die Halbinsel.

▶ Krieg und Frieden

1943 landen die Alliierten auf Sizilien. Salerno, Neapel, Monte Cassino werden von Bomben zerstört. Mussolini wird 1944 verhaftet und erschossen. Nach einer Volksabstimmung wird 1946 die **Republik Italien** ausgerufen.

Im Schatten Norditaliens (1946 bis heute)

Am 2. Juni 1946 wird Rom Hauptstadt der Republik Italien, zwei Jahre später erhalten Sardinien und Sizilien ihr Autonomiestatut. Das italienische Wirtschaftswunder begünstigt vor allem den Norden. Im Jahr 1950 wird endlich ein **Entwicklungsfond** für den Süden gegründet, die »Cassa per il Mezzogiorno«. Deren Subventionen werden jedoch oft für unsinnige Projekte und betrügerische Machenschaften missbraucht. Wieder wandern Millionen Arbeitskräfte in den Norden oder ins Ausland ab. Politische Instabilität führt zu einem Verfall politischer Sitten, Erpressung und Korruption sind an der Tagesordnung.

▶ Hoffnung

Am 25. März 1957 wird mit den **Römischen Verträgen** der Grundstein für die EWG (später EU) gelegt. Im Zuge der Eingliederung in Europa beginnt der Mezzogiorno mehr und mehr, sein Schicksal selbst in die Hand zu nehmen und sich nicht mehr ausschließlich auf Hilfe aus dem Norden – sei es Rom oder Brüssel – zu verlassen.

Geschichte im Überblick

1500 v. Chr.: Der Stiefel wird von indoeuropäischen Volksgruppen besiedelt.

753 v. Chr.: Gründung Roms.

700 v. Chr.: Großgriechenland entsteht, ein loser Verbund hellenischer Siedlungen in Süditalien. Die Karthager kontrollieren Sardinien.

263 v. Chr.: Beginn der Punischen Kriege, in denen sich Rom mit Karthago auseinandersetzt.

90 v. Chr.: Die Römische Republik gibt allen in Italien lebenden Volksgruppen das Bürgerrecht.

27 n. Chr.: Als Nachfolger Julius Cäsars errichtet Augustus das Prinzipat. Ende der Republik.

79: Ein Ausbruch des Vesuv begräbt Pompeji und Herculaneum unter einem Ascheregen.

313: Mit dem Toleranzedikt gibt Kaiser Konstantin einen ersten Anstoß für die spätere Entwicklung des Christentums. Später erfolgt die Teilung in das west- und das oströmische Reich. Der Mezzogiorno untersteht dem oströmischen Reich.

7. Jh.: Einfälle der Sarazenen in Süditalien, besonders auf Sardinien.

11. Jh.: Herrschaft der Normannen.

1189: Kaiser Friedrich I. annektiert Süditalien durch geschickte Heiratspolitik. Sein Enkel Friedrich II. führt die staufisch-normannische Kultur zu ihrem Höhepunkt.

1266: Das Haus Anjou übernimmt die Herrschaft über Süditalien.

1458: Das spanische Aragon löst die angevinischen Herrscher ab.

1720: Sardinien fällt an die Herzöge von Savoyen.

1735: Spanische Bourbonen herrschen über Sizilien und den unteren Teil des Stiefels.

1796: Napoleon erobert Italien. Sein Regime dauert bis 1815.

1820: Aufstand in Neapel, organisiert von den *carbonari*. Sardinien enthält sich der politischen Unruhen.

1860: Garibaldi landet auf Sizilien. Süditalien schließt sich in Volksabstimmungen dem Königreich Piemont-Sardinien an.

1871: Rom wird Hauptstadt des geeinten Königreichs Italien.

1922 : Mussolini marschiert auf Rom. Die Faschisten erlangen die Macht.

1929: Offizielle Gründung des Vatikanstaats durch die Lateranverträge.

1940: Zerstörung des italienischen Marinehafens in Taranto.

In manchen Städten wurden die Parteigänger Mussolinis von Antifaschisten verfolgt

1943: Landung angloamerikanischer Truppen auf Sizilien, in Apulien und in Latium.

1946: Abschaffung der Monarchie und Ausrufung der Republik in Rom.

1948: Autonomiestatut Sardiniens und Siziliens.

1950: Programm für die wirtschaftliche Erschließung Süditaliens (Cassa per il Mezzogiorno).

1957 : Die Römischen Verträge legen den Grundstein für die EWG.

1980: Schwere Erdbeben in der Basilikata und in Kampanien.

1994: Weltkonferenz zum organisierten Verbrechen Süditaliens.

2000: Italien erfüllt die Kriterien zur Einführung des Euro.

Berühmte Süditaliener

◗ *Alfonso Capone (1895–1947)*

Der gebürtige **Neapolitaner** wird in Chicago zur Zeit der Prohibition, in den 20er Jahren des 20. Jhs., als **Mafioso** bekannt. Der Anführer eines Verbrechersyndikats findet zahlreiche Nachahmer. Er stirbt mit 52 Jahren in Miami.

◗ *Enrico Caruso (1873–1921)*

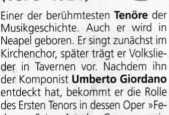

Einer der berühmtesten **Tenöre** der Musikgeschichte. Auch er wird in Neapel geboren. Er singt zunächst im Kirchenchor, später trägt er Volkslieder in Tavernen vor. Nachdem ihn der Komponist **Umberto Giordano** entdeckt hat, bekommt er die Rolle des Ersten Tenors in dessen Oper »Fedora«. Seine Art des Gesangs, sein dramatischer stimmlicher Ausdruck, ist neu und gewinnt rasch eine große Anhängerschaft an den Opernhäusern von Mailand, London, Paris und New York (1908 bis zu seinem Tod).

◗ *Antonio Gramsci (1891–1937)*

Gramsci war gleichzeitig politischer Führer und Theoretiker der Kommunistischen Internationale und sperrt sich der simplen politischen Zuordnung: Den einen gilt er als überzeugter Marxist, andere bezeichnen ihn primär als Leninisten, wieder andere als Revisionisten. Er wird 1891 auf Sardinien geboren und begibt sich schon früh in sozialistische Kreise, die er mit seinem **Inselnationalismus** konfrontiert. Die russische Oktoberrevolution ist ihm eine Offenbarung. Er beteiligt sich an der Gründung der Kommunistischen Partei Italiens und wird 1923 deren Führer. Drei Jahre später wird er verhaftet und verfasst im Gefängnis politisch-philosophische und kulturkritische Schriften.

◗ *Horaz (68–8 v. Chr.)*

Quintus Horatius Flaccus wird in Venusia, dem heutigen Venosa (zwischen Neapel und Bari), geboren. Seine viel versprechende politische Karriere opfert er der Dichtkunst. Dies hindert ihn jedoch nicht daran, z. B. seiner Befürchtung, es könne erneut zum Bürgerkrieg kommen, Ausdruck zu verleihen. Der mit **Vergil** befreundete Poet zählt mit seinen Oden, Satiren und Episteln zu den bekanntesten lateinischen Autoren. Vor allem sein Alterswerk zeugt von tiefer moralischer Reflexion. Schon zu Lebzeiten ist er äußerst beliebt und im Palast des Kaisers Augustus ein stets willlkommener Gast.

◗ *Romulus (753–715 v. Chr.)*

Der Legende nach wird er mit seinem Zwillingsbruder **Remus** in den Tiber geworfen. Aber die Söhne des Mars und der Rhea Silvia werden von einer Wölfin gesäugt und von einem Hirten namens Faustulus aufgezogen. Mit Hilfe seines Bruders gelingt es Romulus, dem vertriebenen Großvater wieder auf den Thron von Alba Longa zu helfen. Danach will er eine Siedlung auf dem Palatin gründen und zieht eine Grenze um das dafür vorgesehene Gebiet. Remus überspringt im Spaß die Grenze, was Romulus so in Rage bringt, dass er darüber zum Bruder-

*Romulus und sein Bruder Remus
wurden von einer Wölfin gesäugt*

politaner mit dem Spitznamen Totò bezeichnete sich selbst auch als »verrenkten Hampelmann« und parodierte genial die Dandys seiner Zeit. Seine Inspiration bezog er zum großen Teil aus der Commedia dell'Arte. Pasolini war überzeugt von Totòs Talent und gab ihm eine Hauptrolle in »Große Vögel – kleine Vögel«. »Totò hat noch nie einen Preis erhalten, ist aber ein Genie.« – diese schöne Würdigung des Künstlers stammt von dem Regisseur Nino Manfredi.

mörder wird. Ihm verdankt Rom seinen Namen. Romulus ist ein großzügiger Herrscher: Er schafft Platz für die Wohnsitzlosen und begründet den Rat der Patrizier und eine Volksversammlung.

▶ Totò (1896–1976)

Antonio de Curtis Gagliardi – ein schwieriger Name für einen **Filmkomiker,** aber zu seiner fürstlichen Abstammung passend: Schließlich betrachtete er sich als Nachfahren byzantinischer Herrscher. Der Nea-

▶ Giambattista Vico (1668–1744)

Er gilt heute als Wegbereiter des Historismus und der modernen Geschichtsphilosophie. Sein Hauptwerk »Principi della Scienza Nuova d'Intorno alla Commune Natura delle Nazioni« erscheint 1925 und löst heftige Diskussionen aus. Vico sollte im Zusammenhang mit der romantischen Philosophie, aber auch mit Hegel und dem Neo-Hegelianismus betrachtet werden. Er gilt als Vorläufer zahlreicher philosophischer Strömungen des beginnenden 19. Jhs.

Das Land heute

Der Mezzogiorno hat seine große Vergangenheit nicht vergessen und scheint – trotz der unvermeidlichen Differenzen mit dem Norden – ganz allmählich seinen Rückstand aufzuholen. Dabei spielt der Tourismus eine entscheidende Rolle.

Wirtschaft

Italien nimmt zwar Platz fünf unter den Volkswirtschaften der Welt ein, doch kann von Gleichheit der Lebens- und Wirtschaftsbedingungen im Land selbst keine Rede sein: Im **Norden** blüht die Industrie, allen voran die Automobil-, Textil- und petrochemische Branche. **Mailand** ist das Schaufenster der italienischen Mode und **Genua** der wichtigste Hafen des Landes.

▶ *Armer Verwandter?*

Von all dem ist der **Süden** weit entfernt. Hier dominiert die **Landwirtschaft,** ungeachtet der Ausbeutung einiger Bodenschätze auf Sizilien.

Und dies, obwohl die »Cassa per il Mezzogiorno« seit 1950 astronomische Summen in die Industrie und die Fertigung gesteckt hat. Die Cassa verwaltet übrigens auch die **Wasserversorgung:** Mehr als 50 Staudämme wurden zur Bewässerung des stark unter Trockenheit leidenden Mezzogiorno gebaut. Die Schwerindustriekomplexe bei Taranto werden von der Bevölkerung jedoch als »Kathedralen der Wüste« beschimpft, denn sie werden über Kredite finanziert, schaffen aber keine Arbeitsplätze und machen die Region so noch abhängiger von den Märkten des Nordens. Nur Apulien steht nicht allzu schlecht da und entwickelt sich allmählich zur Lombardei des Südens.

▶ Rettung durch den Tourismus?

Endgültig geschlagen geben musste sich der Süden nach der **Wirtschaftskrise** in den 70er Jahren des 20. Jhs.: Der Norden zog bei seinem wirtschaftlichen Niedergang die ohnehin kaum wettbewerbsfähigen Unternehmen des Mezzogiorno mit sich. Um die Konjunktur wieder zu beleben, pumpte die Regierung erneut Milliarden von Lire in den Süden: 16 000 Straßenkilometer entstanden, das Eisenbahnnetz wurde modernisiert, Flughäfen, Krankenhäuser und Schulen wurden gebaut und dennoch nahm die **Landflucht** der Bevölkerung zu, wuchsen die Elendsquartiere um die Großstädte.

Die Macht der adligen Grundbesitzer übernahm die **Mafia:** Sie kontrolliert heute den Drogenhandel und die Immobilienwirtschaft und streckt ihre Fühler auch nach den Agrarmärkten aus.

Die hohe Zahl der **Arbeitslosen** von über 20 % (Landesdurchschnitt: 12,3 %) ist eines der größten Probleme des Südens. Doch von reiner Statistik lässt sich die Bevölkerung nicht entmutigen: Die Menschen sind es gewohnt, sich zu behelfen. So hält man sich mit mehreren kleinen Jobs gleichzeitig über Wasser. Auch wenn der Mezzogiorno noch weit davon entfernt ist, den Rückstand wirklich aufzuholen, ein Hoffnungsschimmer zeichnet sich ab: Der **Tourismus** schickt sich an, zur bedeutendsten Einnahmequelle zu werden.

▶ Landwirtschaft

Am meisten profitiert Süditalien vom **vulkanischen Boden** der kampanischen Ebene, der besonders fruchtbar ist. Dies gilt auch für die Ebenen auf Sizilien und im Süden Sardiniens. Die Ebenen Apuliens (auf denen immerhin Tomaten wachsen), das flache Land entlang der Adriaküste, um Sibari in Kalabrien oder um Metaponto (Basilikata) am Ionischen Meer bringen nicht viele landwirtschaftliche Erzeugnisse hervor. Auch der raue Apennin ist für die Landwirtschaft ungeeignet. Abgesehen von Genua, dem größten Hafen des Landes (auf ihn entfällt ein Viertel der italienischen Handelsflotte), hat das Meer die Italiener wenig gereizt. Eigentlich

Die Viehzucht ist nach wie vor ein Schwachpunkt der süditalienischen Wirtschaft

werden die Küsten erst neuerdings wieder besiedelt – wegen des Tourismus. Im Zuge dieser Entwicklung erlebt Sardinien einen großen Aufschwung. Auf der Insel werden aber auch Getreide, Obst und Gemüse angebaut. Die Landwirtschaft Sardiniens konzentriert sich vor allem auf die Campidano-Senke.

▶ Industrie

Die kleinen und mittleren Unternehmen Italiens konzentrieren sich branchenweise auf bestimmte geografische Regionen oder Industriegebiete. Dies sind regelrechte Referenzpunkte. Es gibt 130 davon, vor allem im Veneto, in der Emilia-Romagna und in der Toskana. Eines der bedeutendsten Beispiele im Mezzogiorno ist **Bari** in Apulien: Hier konzentriert sich die Bauwirtschaft.

Auf **Sardinien** haben Bergbau, Metall- und chemische Industrie schwer zu kämpfen. Zum Teil wird dies vom Aufschwung des Tourismus an den Küsten wettgemacht.

Bevölkerung

Das Bild von Italienern, die aus der Armut ihres Landes fliehen, um im Ausland reich zu werden, verblasst allmählich, ebenso das Klischee aus dem 19. Jh., demzufolge es die Bergbewohner in die Städte zieht. Zwar lebt mehr als die Hälfte der Bevölkerung in Ortschaften mit mehr als 20 000 Einwohnern, doch ist ein Trend zurück zur Natur zu beobachten.

Italien, das sich jahrelang mit dem Problem der Überbevölkerung konfrontiert sah, hat heute die **schwächste Geburtenrate** aller Industrieländer (weniger als 1,3 Kinder je Frau). Dieser Bevölkerungsrückgang betrifft allerdings nicht den Süden. Zahlreiche Migranten aus dem Norden, Nachkommen von Auswanderern aus dem Mezzogiorno, kehren inzwischen in die Region ihrer Väter zurück, während Süditaliener kaum nach Norden umziehen.

▶ Einwanderungsland

Italien verzeichnet Migrationsströme, welche die demografische Situation in gewisser Weise stabilisieren, der Wirtschaft in Süditalien aber kaum förderlich sind (dort zählt die Statistik inzwischen rund fünf Kinder je Frau). Das Wachstum der italienischen Volkswirtschaft zieht Arbeitskräfte aus Afrika (Somalia, Äthiopien, Marokko, Tunesien), von den Philippinen und aus dem ehemaligen Jugoslawien an. Hinzu kommt die illegale Zuwanderung von Flüchtlingen aus Osteuropa, vor allem Albanien.

Die Überalterung der Bevölkerung ist ein Prob[lem], das der Süden noch nicht kennt

Camorra

Der Name stammt von dem spanischen Wort für »Streit, Rauferei«, bezeichnete im 18. Jh. aber auch eine farbenfrohe und mit mehreren Knopfreihen besetzte Jacke. Sie wird rasch zum Erkennungszeichen der führenden Gestalten in der Unterwelt Neapels. Die Camorra kontrolliert den Handel (Zigaretten, Gemüse, Obst) und setzt sich mit betrügerischen Erpressungen durch. Die Mitglieder müssen im Umgang miteinander komplexe Regeln sowie einen Ehrenkodex einhalten, dessen Verletzung das Leben kosten kann. Wie die Mafia, hat sich auch die Camorra seit den 80er Jahren des 20. Jhs. gewandelt. Die »neue« Camorra konzentriert sich in erster Linie auf den Drogenhandel und die Prostitution. Außer der sizilianischen Mafia gibt es der Camorra vergleichbare Organisationen noch in Kalabrien (»'N'dranghetta«, die sich auf Entführung und Lösegelderpressung spezialisiert hat) sowie in Apulien (»Santa Corona«).

Die politischen Institutionen

Italien ist eine parlamentarische Republik, die sich auf eine Verfassung gründet. An der Spitze des Staates steht der Präsident, der auf sieben Jahre gewählt wird und wiedergewählt werden kann. Das Land ist in **20 Verwaltungsregionen** aufgeteilt, die sich wiederum in 103 Provinzen und 9104 Gemeinden

untergliedern. Jede Region hat eine Hauptstadt. Der Mezzogiorno besteht aus sieben Verwaltungsregionen: Molise, Kampanien, Apulien, Basilikata, Kalabrien, Sizilien und Sardinien.

▶ Die Verfassung

Monarchie oder Republik? Abgeschreckt vom Faschismus weisen die Italiener 1946 mit knapper Mehrheit Mussolinis »Statuto Albertino« zurück und wählen eine verfassungsgebende Versammlung. Der letzte König von Italien, Umberto II., geht ins Exil. Enrico de Nicola wird der erste Präsident der neuen Republik.

Die Verfassung ist seit dem 1. Januar 1948 in Kraft und spiegelt in erster Linie **sozialistische und liberale Tendenzen** wider. Sie wurde von 75 Abgeordneten, die die verschiedenen politischen Gruppierungen proportional repräsentierten, ausgearbeitet und kann nur mit großem Aufwand geändert werden. Das Verfahren erfordert in beiden Kammern zwei Lesungen im Abstand von drei Monaten. Danach muss das Gesetz mit Zweidrittelmehrheit beschlossen werden. Ansonsten kann das Volk durch Referendum entscheiden. Eingedenk der faschistischen Vergangenheit lässt die Verfassung nicht zu, dass einem Einzelnen alle Macht zufällt.

▶ Das Parlament

Es besteht aus zwei Kammern: der **Abgeordnetenkammer** (630 Mitglieder) und dem **Senat** (315 Mitglieder). Das Parlament hat im Wesentlichen legislative Funktion. Es kontrolliert die Regierung mit Hilfe des Misstrauensvotums. Seit 1994 besteht ein gemischtes Wahlverfahren: 75 % der Parlamentssitze werden nach Mehrheitswahl, 25 % nach Verhältniswahl verteilt.

▶ Die Parteien

Zu den wichtigsten Gruppierungen gehören das **Mitte-Links-Bündnis** L'Ulivo (»Ölbaum«), bestehend aus den Parteien PDS (ehemalige Kommunistische Partei), einer Gruppierung ehemaliger Christdemokraten und den Grünen (Verdi). Auf der **rechten Seite** haben sich Forza Italia und die Alleanza Nazionale (Populisten und Nationalisten) zum Polo de la Liberta (»Freiheitspol«) verbündet. Außerdem gibt es noch die föderalistische Lega Nord und die Rifondazione Comunista.

Religion

Wenn man die Zuwanderung und **kleine orthodoxe Enklaven** (San Nicola in Bari ist eines der wichtigsten Pilgerziele der russisch-orthodoxen Kirche) vernachlässigt, leben im Mezzogiorno vornehmlich Menschen **katholischen Glaubens.** Allerdings legen sie wesentlich mehr Wert auf die **Einhaltung von Bräuchen** als von Glaubenssätzen, und selbst Atheisten schreiben den Zeremonien eine herausragende gesellschaftliche Funktion zu, egal ob es sich um Bußprozessionen oder »das Blutwunder von San Gennaro« handelt.

Darüber hinaus zeigt sich die Frömmigkeit auch in den vielen **Heiligennischen,** welche die Straßen beschützen oder den **Exvotos,** (z. B. goldene Spritzen für der Drogenhölle entronnene Jugendliche). Weit verbreitete Zeichen von Aberglauben sind ein kleines Korallen- (oder Plastik-)Horn, das man um den Hals trägt, oder die an den Bug der Schiffe gemalten Augen. Es gibt aber auch Leute, die dienstags oder freitags nicht auf Reisen gehen, weil das angeblich Unglück bringt.

Gesellschaft

Man kann nicht von Italien sprechen, ohne die Bedeutung des gesellschaftlichen Lebens, besonders der Familie, hervorzuheben.

▶ Die Familie

Nichts kann die **Clanstruktur** einer italienischen Familie zerstören. Dieses perfekt eingespielte System beruht auf *sistemazione,* was schwer zu übersetzen ist, aber viel mit »Management« und »Organisation« zu tun hat – wie auch immer: Das Netz gegenseitiger Unterstützung und Solidarität funktioniert unglaublich gut – ob im Viertel, im Dorf oder gar im Ausland und es regelt nicht nur das Zusammenleben ganzer Familien in einem Haus, sondern auch den Zusammenhalt eines Unternehmens.

Der Katholizismus drückt sich eher in der Einhaltung von Bräuchen als von Glaubenssätzen aus

▶ Die Rolle der Frau

Das Klischee der *mamma* weckt in unseren Breiten eher negative Assoziationen. Als ausgleichender, ruhender Pol scheint sie dennoch für die italienische Familie unverzichtbar. Aber das Bild der Frau hat sich gewandelt, auch im Mezzogiorno, der doch den alten Werten immer sehr verhaftet war. Während die Emanzipation der Frauen im übrigen Europa nach dem Ersten Weltkrieg begann, musste Italien darauf bis 1943 warten. Heute entspricht die Situation der süditalienischen Frauen in etwa der ihrer Geschlechtsgenossinnen im Norden: Immer mehr junge Frauen sind – wenn auch primär aus ökonomischen Gründen – erwerbstätig, und sie heiraten z. T. sehr viel später als noch ihre Mütter. Haben sie jedoch erst einmal die Mutterrolle übernommen, bleiben sie die Beraterin ihrer Söhne – zum Leidwesen der Schwiegertöchter.

Trotz Emanzipation erfreut sich das traditionelle Matriarchat ungebrochener Kraft

Italien in aller Welt

Zwischen 1880 und 1920 wanderten unzählige Italiener aus Sizilien, Kalabrien und Kampanien aus. In der neuen Heimat versuchten sie, die alte vertraute Umgebung nachzuahmen: So entstand z. B. Little Italy in New York. Ausgangspunkt war häufig der Lebensmittelsektor, aus dem sich dann eine dynamische italienische Gastronomie entwickelte. Die Verbindungen zur Familie in Italien wurden auch vom Ausland aus aufrechterhalten. Und um die Sehnsucht nach dem Dolce Vita nicht allzu groß werden zu lassen, organisierte man regelmäßig Feste und andere Veranstaltungen.

Feiertage

Wichtig: *giorno festivo* bedeutet »Feiertag« und kann mit *feriale* (»Werktag«) verwechselt werden.

- **1. Januar:** Neujahr
- **6. Januar:** Hl. Drei Könige
- **Ostersonntag und -montag:** an wechselnden Daten
- **25. April:** Tag der Befreiung Italiens
- **1. Mai:** Tag der Arbeit
- **15. August:** Mariä Himmelfahrt
- **1. November:** Allerheiligen
- **8. Dezember:** Mariä Empfängnis
- **25. und 26. Dezember:** Weihnachten und Stefanstag

▶ Feste und Traditionen

Jeder Ort hat seinen Heiligen und jeder Heilige seine Aufgabe – und seinen Feiertag.

- **29. Juni** (Rom): Peter und Paul
- **15. Juli** (Palermo): Santa Rosalia
- **19. September** (Neapel): St. Januarius

▌ 30. Oktober (Cagliari):
St. Saturnus.
▌ 6. Dezember (Bari): St. Nikolaus.

Brauchtum

Nicht nur in Venedig tobt der Karneval. Auch der von Mamoiada auf Sardinien ist bekannt für seine Kostüme und Holzmasken. Während der Karwoche steht das ganze Land im Zeichen der Prozessionen. Empfindliche Gemüter sollten der Nocera Tirinese (Kalabrien) fernbleiben: Die Teilnehmer geißeln sich erbarmungslos. In Sulmona geht es fröhlicher zu: Dort wird am Ostersonntag die Madonna gefeiert und mit einem wunderschönen Kleid geschmückt.

In **Taormina** gibt es im April einen Umzug mit sizilianischen Karren. Diese sieht man auch vom 1. bis 4. Mai in **Cagliari** zu Ehren San Efisios. Ebenfalls im Mai erzittert **Sassari** auf Sardinien unter dem Pferdegetrappel der Cavalcata. In **Cocullo** in den Abruzzen hingegen entstaubt man um diese Zeit die Statue des hl. Dominikus und behängt sie mit Schlangen. Und während die Gläubigen am 29. August in **Nuoro** um Erlösung bitten, erinnert die Kerzenprozession in **Sassari** daran, dass die Pest die Stadt nicht verschonte.

Auch die Künste sind überall vertreten: Jazzveranstaltungen kann man in **Pescara** und in **Brindisi** – dort sogar den ganzen Sommer über – besuchen. Weitere Musikangebote findet man von Dezember bis Juni in **Neapel** und bis Mai in **Palermo.** Im Juli gibt es klassisches Theater in **Syrakus.**

Verflixte 17

Abgesehen von der 13 wird in Hotels und bei Alitalia-Flügen die 17 sorgfältig vermieden. Schreibt man sie in römischen Ziffern (XVII), benutzt man notgedrungen, wenn auch in veränderter Reihenfolge, die Buchstaben des lateinischen Wortes VIXI (»ich habe gelebt«). Wenn das kein Unglück bringt …

Kunst und Kultur

▶ Bildhauerei

Die Skulpturen der **Etrusker** üben eine große Faszination auf den Betrachter aus, doch den größten Einfluss auf die süditalienische Bildhauerei hatten die **Griechen.** Die schönsten Beispiele sind vielleicht die beiden Bronzen von Riace im Museum von Reggio di Calabria, die zwei griechische Krieger darstellen. Die Griechen inspirierten mit ihrer Kunst die Römer und später die Renaissance. Meisterwerke dieser Epochen sind in den Vatikanischen Museen in Rom zu bewundern. Zeitgenössische Künstler stellen – im Anspruch bescheidener – Verbindungen zwischen der traditionellen Keramik und einer expressionistischen Sicht des Alltagslebens her, so z. B. der kalabresische Bildhauer **Scolari.**

▶ Malerei

Hier gingen die entscheidenden Impulse eher von den Römern als von den Griechen aus. Wenn man sich die **Fresken von Pompeji und Herculaneum** anschaut, bekommt man eine Vorstellung von dem damaligen Formen- und Farbenreichtum. In den Gewölben unter Neros **Goldenem Haus** in Rom ist noch einmal ein eigener Stil zu bewundern: die Grotesken.

In der **Renaissance** erlebt die Malkunst eine Blütezeit. Unübertroffen sind Raffael und Michelangelo, beide stammen jedoch aus Norditalien. Im 15. Jh. glänzt aber auch im Süden ein Maltalent: **Antonello da Messina**, der in Neapel arbeitet. In jener Zeit unterliegt die Kunst im Mezzogiorno vielfältigen Einflüssen: **katalanische Kunst** in Syrakus, **ferraresische Kunst** in Palermo. Dort findet man auch orientalische Einflüsse. Durch Rene d'Anjou kommt die **provenzalische Kunst** nach Neapel. Er sammelt Gemälde und Wandteppiche. Alfons von Aragon setzt dieses Werk fort, bevorzugt aber die **flämische Kunst**.

Ein Werk des Sizilianers Antonello da Messina

▶ Architektur

In Süditalien haben die Griechen ihre vielleicht schönsten **Tempel** geschaffen, z. B. die von Paestum.

In den **etruskischen Bauwerken** wie der Nekropole von Cerveteri in Latium ist bereits ein Vorbild für die Wölbung des **Pantheons** in Rom zu erkennen. Abgesehen von einer Pause im Mittelalter dominiert die griechisch beeinflusste römische Architektur mehr als ein Jahrtausend. Eine Ausnahme bildet der Barock, der in Rom, aber auch in Lecce in Apulien zur Blüte kommt. Der Risorgimento-Stil, dessen eindrucksvollstes Beispiel die »Schreibmaschine« am Fuß des Kapitols ist, nimmt den römischen Einfluss bis hin zur Karikatur wieder auf. Und auch die **faschistische Architektur** orientiert sich am römischen Vorbild.

Darüber hinaus hat der Süden einige Kuriositäten volkstümlicher Baukunst zu bieten, so die **nuraghi,** die prähistorischen Türme auf Sardinien, die **trulli,** die Steinhütten Apuliens, oder auch die **sassi** genannten Höhlenwohnungen.

▶ *Literatur*

Kann man in Rom geschriebene Bücher Literatur des Südens nennen? Die lateinische Epoche hat Werke hervorgebracht, die noch heute Interesse finden, so **Petronius** »Satyricon«, die Satiren **Juvenals,** die »Liebeskunst« von **Ovid** und die »Epigrammata« **Martials.** Nicht zu vergessen die Werke des Dichters **Horaz,** der in der heutigen Basilikata geboren wurde.

Gegen Ende des Mittelalters, mit Beginn der Renaissance, treten in Italien bedeutende Erzähler **(Boccaccio)** und Philosophen **(Macchiavelli)** auf, aber nicht nur die italienische Literatur wird durch Autoren des Südens bereichert. Erwähnt seien hier der Kampanier **Torquato Tasso** (1544–1595, »Das befreite Jerusalem«), der Vorbild für Goethes gleichnamiges Drama wurde, und **Giordano Bruno** (1548–1600,

»Das Aschermittwochsmahl«), der Kalabrese **Tommaso Campanella** (1568–1639, »Der Sonnenstaat«) und der neapolitanische Philosoph **Giambattista Vico** (1668–1744).

Der heutigen Zeit näher standen zwei Denker aus den Abruzzen: **Gabriele D'Annunzio** (1863–1938, »Lust«, »Feuer«) und **Benedetto Croce** (1866–1952, »Ästhetik als Wissenschaft des Ausdrucks und allgemeine Linguistik«) schufen Werke, die einmal ganz Europa beeindruckt haben.

Die sardische Schriftstellerin **Grazia Deledda** (1871–1936) erhielt zwar 1926 den Nobelpreis, hierzulande besser bekannt wurde jedoch **Alberto Moravia** (1907–1990, »Die Gleichgültigen«, »Ich und Er«).

▶ Musik

In Italien wurde der gregorianische (lateinische) Gesang entwickelt. Bedeutend für die Musikgeschichte ist das Land aber vor allem wegen seiner **Opern**. Diese Kunstform entstand im 17. Jh. und beherrschte die Höfe Europas im 17. und 18. Jh.

Iacopo Peri schrieb mit »Daphne« angeblich die erste Oper der Musikgeschichte überhaupt. **Monteverdi** (1567–1643) ahmte sein *tempo* nach. In Neapel setzte sich Anfang des 18. Jhs. **Alessandro Scarlatti** (1660–1725) durch. In dieser Stadt begann auch der Siegeszug der *opera buffa*. Zur gleichen Zeit, aber am entgegengesetzten Ende des Landes, beschäftigte sich **Vivaldi** (1678–1741) mit geistlicher Musik.

Rossini (1792–1868), **Bellini** (1801–1835) und auch **Donizetti** (1797–1848) förderten den Belcanto, aber erst **Verdi** (1813–1901) verhalf ihm zum entscheidenden Erfolg.

»Carmen« ist vielleicht die erste veristische Oper, doch der eigentliche Durchbruch des Verismus erfolgte mit **Pietro Mascagnis** (1863 bis 1945) »Cavalleria rusticana«. **Giacomo Puccini** (1858–1924) wiederum setzte dieser Richtung mit »La Bohéme« und erst recht mit »Tosca« ein Ende.

Und um mit einem ganz anderen Höhepunkt der Musikgeschichte abzuschließen, sei hier der Neapolitaner **Enrico Caruso** (1873–1921) genannt, der berühmteste Tenor seiner Zeit.

▶ Kino

Mit Cinecittà hat sich Italien 1935 sein eigenes Hollywood geschaffen. Mussolini ließ die Studios auf 60 ha errichten, damit hier Filme zum Lob des Regimes entstünden.

Einer der bekanntesten Regisseure ist unbestreitbar der Römer **Federico Fellini** (1920–1993). Er brachte sowohl die rätselhafte Exzentrik des Südens als auch seine Liebe zur griechisch-lateinischen Ästhetik in »Satyricon« (1969) zum Ausdruck.

Weniger schrill ist das Werk des Neapolitaners **Francesco Rosi** (geb. 1922). Der frühere Assistent Viscontis (1906–1976) zeigt in seinen Filmen ungeschminkt die Realität des italienischen Alltags, inklusive Mafia. »Hände über der Stadt« und »Der Fall Salvatore Giuliano« sind z. B. Meisterwerke dieses Genres.

Weltruhm erlangten auch die Filme von **Sergio Leone** (1929–1989) so die Italo-Western »Für eine Handvoll Dollar« oder »Spiel mir das Lied vom Tod« und »Es war einmal in Amerika«.

Für den italienischen – genauer: den neapolitanischen – Humor stehen die Brüder **De Filippo**: Eduardo machte sowohl als außerordentlicher Schauspieler wie auch als Autor Karriere, sein Bruder Peppino, ebenfalls Schauspieler, drehte z. B. mit **Dino Risi**.

Unterwegs in Süditalien

Rom und Latium

Sanft gewellte Hügel, auf denen Zypressen in den Himmel ragen, Monumente aus der Zeit des Imperium Romanum und päpstliche Prachtbauten – wer Kulturgenuss und Naturerlebnis verbinden will, findet im Latium ideale Bedingungen.

Rom

Rom blickt auf eine wechselvolle und für eine Stadt ungewöhnliche Geschichte zurück: Im Jahr 753 v. Chr. wird es an einer Wegkreuzung und einem schiffbaren Fluss gegründet. Nach der Vertreibung der ersten Herrscher, etruskischer Könige, entsteht die Römische Republik, deren Geschicke von den Senatoren und den

An der Piazza Navona

Equites (Reiter) gelenkt werden. Im 1. Jh. v. Chr. gewinnt die Republik zunehmend Züge einer Diktatur und geht schließlich im Kaiserreich auf. Rom wird zum Zentrum eines sich ständig ausdehnenden Weltreichs.

In dem von Krisen geschüttelten Imperium Romanum etabliert sich das Christentum als Staatsreligion. Diese Entwicklung kann den Niedergang des Römischen Reichs jedoch nicht verhindern.

Erst mit der Festigung der päpstlichen Herrschaft im Mittelalter erstrahlt die Stadt wieder in neuem Glanz. Von antiken Ruinen inspiriert, bringen die Künstler den Renaissance-Stil hervor, der ganz Europa erobert.

Im 19. Jh. entsteht das vereinigte Italien, zu dessen Hauptstadt Rom erkoren wird. Gewaltsam entreißt Garibaldi die Stadt dem Papst. Mussolini löst den Konflikt zwischen dem italienischen Staat und der Kirche, indem er die Vatikanstadt schafft, einen autonomen Staat.

In Rom, das heute zu den bedeutendsten Metropolen der Welt gehört, ist der Geist der Antike immer noch lebendig. Unverändert beliebt ist es als Ziel von Pilgerreisen.

▶ *Kapitol (Campidoglio)*

Die Jupiter geweihte Erhebung war der heiligste der sieben Hügel Roms. Seine Westflanke wird von der »Schreibmaschine« eingenommen – so nennen die Römer das **Monumento a Vittorio Emanuele II,** ein Ehrenmal, das an das Risorgimento erinnert. So blendend weiß wie das monströse Denkmal leuchteten einst die Marmorgebäude der Foren. Treppe und Platz des Kapitols wurden von Michelangelo gestaltet. Ein beeindruckendes Windrosenmuster ziert die Piazza. In der Platzmitte erhebt sich das **Reiterstandbild des Marc Aurel.** Es handelt sich um eine Kopie – das Original befindet sich im Kapitolinischen Museum.

Vom Kapitolsplatz aus blickt man auf den **Palazzo Venezia** (15. Jh.), von dessen Balkon herab Mussolini Hetzreden zu halten pflegte.

Über eine breite Treppe erreicht man die Kirche **Santa Maria in Aracoeli.** Zu den eindrucksvollsten Sehenswürdigkeiten im Innern gehört »Santo Bambino«, eine emaillierte Jesusfigur aus dem Heiligen Land, der Wunderkräfte zugeschrieben werden.

Geht man den Hügel zum Forum hinunter, kommt man am **Mamertinischen Kerker** vorbei, in dem – entgegen der Legende – nie ein Apostel gefangen gehalten wurde.

▶ *Santa Maria in Cosmedin*

Piazza Santa Maria in Cosmedin.
Die Kirche fällt durch ihren siebengeschossigen Campanile aus dem 12. Jh. auf. Das Innere ist im byzantinischen Stil gehalten. Gleich beim Eingang befindet sich die **Bocca della Verità,** ein ehemaliger Kanaldeckel in Form einer Furcht erregenden Fratze, deren Mund sich angeblich schließt, sobald ein Lügner seine Hand hineinlegt.

▶ *Foren*

Umringt von Pizzerien und Andenkenläden, umtost vom Autoverkehr, bilden die Foren nach wie vor den Mittelpunkt der Stadt.

◆ *Kaiserforen (Fori Imperiali)*

Via dei Fori Imperiali. Mo–Sa 9 Uhr bis 1 Std. vor Einbruch der Dämmerung, So 9–14 Uhr.
Erste Station ist das **Cäsarforum,** dessen Zentrum ein Venustempel bildete. Mit dem Heiligtum wollte der Diktator daran erinnern, dass er von der Liebesgöttin abstammte – das jedenfalls glaubte er. Gegenüber erstreckte sich das **Augustusforum.** Der zugehörige Tempel war zum Andenken an die Schlacht, in der Augustus Cäsars Mörder besiegt hatte, dem Rachegott Mars geweiht. Daneben liegen die **Trajansmärkte,** ein Ziegelsteinkomplex, der Geschäfte und Lager barg. Gegenüber erhebt sich die **Trajanssäule,** deren Relief mit 2500 Figuren den Sieg der Römer über die Daker darstellt.

Extra-Tipp!

Der lebhafteste und reizvollste Markt ist zweifellos jener auf dem Campo de' Fiori.

◆ Forum Romanum (Foro Romano) 🖤

Eintritt.

Zwischen den Resten der **Basilika Julia** und der **Basilika Aemilia** – beide dienten als Gerichtssäle – ragt eine Mauer auf. Sie war Teil der **Rostra,** einer Rednertribüne aus der Zeit Cäsars. Im Hintergrund erheben sich der **Septimius-Severus-Bogen** und die **Kurie,** der Sitz des römischen Senats.

Folgt man der für Triumphzüge bestimmten **Via Sacra,** kommt man an zwei Kirchen vorbei. Sie waren ursprünglich Tempel. Rechter Hand erkennt man die Reste des **Rundtempels der Vesta,** der Göttin des Herdfeuers. Vom **Haus der Vestalinnen** 👁 sind einige Skulpturen erhalten geblieben, die einst ein Wasserbecken umstanden. Man erreicht nun die kolossale **Maxentiusbasilika** und kann das Forum am **Titusbogen** wieder verlassen. Die Reliefs dieses Triumphmals zeigen Legionäre mit ihrer Kriegsbeute, einem siebenarmigen Leuchter aus dem Tempel von Jerusalem.

Gladiatoren

Die Ausbildung der Gladiatoren fand in speziellen Schulen statt. Dort lernten Sklaven und Strafgefangene von einem Lehrer den geschickten Umgang mit der Waffe. Es gab viele verschiedene Arten von Gladiatoren: Der *retiarius* z. B. besaß Harpune und Netz, der Thraker Schwert, Helm und Armschützer. Meist ging es bei den Kämpfen um Leben und Tod. Ähnlich wie heute beim Catchen sahen es die Kämpfer als Ehrensache an, dem Publikum eine gute Show zu bieten, zumal die besten von ihnen darauf hoffen konnten, freigelassen zu werden. Die Ursprünge der Gladiatorenkämpfe liegen vermutlich in etruskischen Bestattungsriten: Die Zweikämpfe sollten die Seelen der Toten besänftigen. Später wurden sie zum Vergnügen des Volkes veranstaltet, das auf den Ausgang Wetten abschloss. Die religiöse Bedeutung der Spiele ging nie ganz verloren: An staatlichen Feiertagen sollten Gladiatorenkämpfe die Götter günstig stimmen.

▶ Palatin (Palatino)

Die Eintrittskarte für das Forum Romanum berechtigt auch zur Besichtigung der Sehenswürdigkeiten auf dem Palatin.

Auf die Steine und Säulen des Forums folgen die duftenden Pflanzen der **Farnesischen Gärten.** Der Palatin war den kaiserlichen Residenzen vorbehalten. Auf dem Hügel kann man die **Domus Augustana,** das **Haus der Livia** und den **Palast der Flavier** mit dem zugehörigen Stadion besichtigen. Im Süden beeindrucken die Reste des 👁 **Circus Maximus,** einer Arena für

Pferde- und Wagenrennen, in der 250 000 Menschen Platz fanden.

Kolosseum (Colosseo) ♥

Tgl. 9–19 Uhr, an Feiertagen 9 bis 13 Uhr.

Das Kolosseum war in der Antike das größte Amphitheater der Welt. Hier wurden Tierhetzen und Gladiatorenkämpfe abgehalten. Kaiser Vespasian ließ das Bauwerk ab 72 auf dem Gelände von Neros **Goldenem Haus** (Domus Aurea) errichten – vielleicht, um die Erinnerungen an dessen Schreckensherrschaft vergessen zu machen.

Da der einst mit Sand bedeckte Holzboden des Kolosseums heute fehlt, blickt man direkt ins Untergeschoss, wo sich **Ankleideräume, Requisitenkammern** und **Tierkäfige** befanden. Über mit Marmor verkleidete Rampen und mit Hilfe von Flaschenzügen beförderte man die Kulisse auf die Bühne. Die Darsteller betraten diese durch den westlichen Eingang und verließen sie durch den östlichen – als Leichen.

An der Nordseite lässt sich die **kaiserliche Tribüne** erkennen. Ihr gegenüber die der Vestalinnen. Dort ließ sich auch die Kaiserin nieder. Wenn die Sonne schien, bediente ein Heer von Matrosen ein riesiges Sonnensegel, das den rund 55 000 Zuschauern Schatten spendete. Neben dem Colosseo ragt der 21 m hohe und rund 26 m breite **Konstantinsbogen** auf, ein Meisterwerk der Baukunst aus dem 4. Jh.

San Giovanni in Laterano

Der **frühere Sitz der Päpste** ist exterritorialer Besitz des Vatikanstaats. Die Basilika, Grabstätte vieler Päpste, entstand im 4. Jh. und ist die älteste Kirche Roms. Ihre heutige, Ehrfurcht gebietende Gestalt wurde ihr 1646 von Borromini 1646 verliehen. Sehenswert sind der mittelalterliche **Kreuzgang,** der gotische Hochaltar, an dem nur der Papst die Messe zelebrieren darf, die **Heilige Pforte** (sie ist nur im Heiligen Jahr geöffnet) sowie das Baptisterium aus dem 5. Jh., das Vorbild für die Baptisterien in vielen europäischen Kirchen war.

San Clemente 👁

Diese Kirche lohnt vor allem wegen ihrer **Fresken** aus dem 11. und 15. Jh. und wegen des **Apsismosaiks** aus dem 12. Jh. einen Besuch. Steigt man in das darunter liegende römische Wohnhaus hinab, entdeckt man außer **Katakomben** auch ein **Mithras-Heiligtum,** in dem ein geheimnisumwobener Gott verehrt wurde.

Santa Maria Maggiore

Der schlanke Campanile und die nach mehrfachen Erweiterungen riesige Kirche (5. Jh.) bilden einen interessanten Kontrast. Die **Kassettendecke** wurde mit dem ersten Gold verziert, das die Konquistadoren aus Lateinamerika mitgebracht hatten. Die Basilika birgt die reich geschmückte **Cappella Paolina** (17. Jh.) und das **Apsismosaik** »Marienkrönung« aus dem 13. Jh.

Fontana di Trevi

Nicola Salvi hat im 18. Jh. eine großartige Symphonie aus Wasserstrahlen, **Nymphen und Meeresgetier** geschaffen. Wenn Ihnen Ihr Romaufenthalt zu kurz erscheint, sollten Sie ein Geldstück in den Brunnen werfen, dann – so verspricht der Volksmund – kehren Sie auf jeden Fall zurück.

Pantheon 👁

Piazza della Rotonda. Mo–Sa 9 bis 18 Uhr, So 9–13 Uhr.
Zur Zeit Kaiser Hadrians war das über 43 m hohe Bauwerk ein Tempel, in dem alle Götter des Reichs verehrt wurden – daher der Name Pantheon. Im 5. Jh. wurde es in eine Kirche umgewandelt, die auch als Nekropole diente. Außer großen Königen sind hier einige Künstler bestattet, darunter Raffael. Daran, wie das Licht durch die Öffnung in der Kuppel auf den Boden fällt, lassen sich Sonnenwende und Tag- und Nachtgleiche ablesen.

Extra-Tipp!

In der Nähe des Pantheon stößt man auf einen steinernen Elefanten mit einem Obelisken auf dem Rücken. Bernini entwarf das von den Römern besonders geliebte Monument.

Il Gesù

Die Kirche ist das erste bedeutende Gebäude der Gegenreformation. Die überbordende Dekoration vor allem in der Apsis kündet bereits vom Barock. Hier wird den Gläubigen klar gemacht: Der Katholizismus führt in den Himmel, der Protestantismus in die Hölle. Wer weiter den Spuren der Jesuiten folgen möchte, sollte sich als nächstes die Trompe-l'œil-Malereien in der Kirche Sant'Ignazio anschauen.

Piazza di Spagna 💚

Hier trifft sich die Jugend der Welt, klimpert ein bisschen auf der Gitarre oder steigt auf der eleganten Doppeltreppe zur Dreifaltigkeitskirche (Trinità dei Monti) hinauf.

Santa Maria della Vittoria

Diese Kirche ist vor allem wegen Berninis berühmter Skulpturengruppe »Verzückung der hl. Theresa von Avila« einen Besuch wert.

Caracalla-Thermen

Der Aufenthalt in einem Bad diente in der Antike nicht nur der Hygiene. Vielmehr traf man sich hier mit anderen zum Spielen, trieb Sport oder genoss Theater- und Musikvorführungen. Die gigantischen Caracalla-Thermen (3. Jh.) fassten mehrere Tausend Besucher.

Trastevere 👁

Wer in Rom weilt, sollte auf alle Fälle einmal die Atmosphäre des Viertels Trastevere mit seinen Boutiquen und typischen Restaurants schnuppern. Es liegt, wie der Name schon sagt, »jenseits des Tiber«. Sehenswert ist die Kirche **Santa Maria in Trastevere.**

Vatikanstadt

Auch wenn der Vatikan der kleinste Staat der Welt ist, hat er alles, was einen Staat ausmacht: eine eigene Polizei, Justiz, Armee und Post, einen Radiosender, eine Zeitung, eine Akademie der Wissenschaften

Tun Sie es den Römern gleich und fahren Sie mit einer Vespa durch die verwinkelten Gassen der Stadt

Die erste Basilika an dieser Stelle entstand im 4. Jh. 1506 veranlasste Papst Julius II. einen Neubau. Bernini schuf im 17. Jh. den riesigen **Baldachin** mit den gedrehten Säulen für den Papstaltar. Bemerkenswert ist auch die **Statue Petri.** Der rechte Fuß des Apostels glänzt bereits von den vielen Küssen der Gläubigen. Von der Kuppel bietet sich einer der legendären 👁 **Panoramablicke** über Rom.

sowie Museen. An der Spitze des Staates steht der Papst.

Der Besucher hat in der Regel nur Zugang zu den Vatikanischen Museen. Sonstige Gebäude des Vatikans sind nur mit mehr bürokratischem Aufwand zugänglich als früher für die Einreise in die Ostblockstaaten zu absolvieren war.

◆ Piazza San Pietro
Wie Arme umschließen zwei vierfache Kolonnadenreihen den elliptischen Platz, in dessen Mitte ein Obelisk aufragt – ein überwältigender Anblick. Hier empfängt eine unübersehbare Menge von Gläubigen allsonntäglich den **päpstlichen Segen.** In der nördlichen Kolonnadenreihe verbirgt sich eine Bronzetür, hinter der Sie sich bei einem Offizier der Schweizergarde für eine Papstaudienz eintragen können.

◆ Petersdom
(San Pietro) 💚
Tgl. 7–12, 13–19 Uhr. Zutritt nur in angemessener Kleidung. Eintritt frei, mit Ausnahme der Kuppel und der Schatzkammer.

◆ Vatikanische Museen
(Musei Vaticani) 💚
Mo–Sa sowie am letzten So des Monats 8.45–13 Uhr. Eintritt nur am letzten So des Monats frei.
Die auf das 13. Jh. zurückgehenden Sammlungen gehören zu den größten der Welt. Hier können Sie die berühmten **Stanzen** von Raffael und die **Sixtinische Kapelle** (Cappella Sistina) bewundern. Bei Letzterer denkt man zuerst an die Wand- und Deckengemälde Michelangelos, doch auch andere Künstler wie Ghirlandaio, Perugino, Botticelli waren an der Ausschmückung der Kapelle beteiligt.

Steckbrief Vatikanstadt	
Fläche	
0,44 km²	
Staatsform	
Souveränes Erzbistum, Wahlmonarchie	
Bevölkerung	
ca. 1000 Einwohner	
Religion	
Katholiken	
Amtssprachen	
Italienisch, Latein	

Schweizergarde

An jedem 1. Mai leisten die Soldaten der Schweizergarde dem Papst ihren Treueeid. Ein Jahr lang sind sie dann für den Schutz des Papstes zuständig, was sie des Militärdienstes in der Schweiz enthebt. Die jungen Männer in Sturmhauben, Pluderhosen und Schlitzärmeln besitzen tatsächlich einen schweizerischen Pass. Sie müssen ledig und hoch gewachsen sein sowie gut aussehen. Außerdem benötigen sie eine Empfehlung des Pfarrers ihrer Gemeinde. Als Nachfolger der Söldner, die seit dem 15. Jh. von allen europäischen Höfen bereitgestellt wurden, tragen die Schweizer Soldaten die Hellebarde als Waffe, können notfalls aber auch mit Pistolen umgehen. Im Kampf mit den Truppen Garibaldis verloren viele von ihnen das Leben. Eine schnelle Reaktion zeigte die Schweizergarde auch bei dem Attentat auf Papst Johannes Paul II.

▷ Villa Giulia

Piazzale Villa Giulia. Di–So 9–19, Do, Fr zusätzlich 20.30–23 Uhr.
Die ehemalige Papstresidenz mit einem lauschigem **Park** beherbergt heute Italiens bedeutendstes **Museum für etruskische Kunst,** das u. a. wunderschöne Skulpturen zeigt.

▷ EUR 👁

Die drei Buchstaben stehen für »Esposizione Universale di Roma«. Mussolini hatte für 1942 eine Weltausstellung geplant, die wegen des Zweiten Weltkriegs dann aber nicht stattfand. Von den verwirklichten

Bauvorhaben ist der **Palazzo della Civiltà del Lavoro** (Palast der Kultur der Arbeit), auch »quadratisches Kolosseum« genannt, das vielleicht eindrucksvollste. Geschmückt wird das Gebäude von Heldenfiguren.

Zur Hinterlassenschaft des Duce zählt auch das **Museo della Civiltà Romana** (Piazza Agnelli 10). Es zeigt u. a. ein riesiges Modell der Ewigen Stadt im 4. Jh.

▷ Via Appia Antica

Südlich der Porta San Sebastiano.
Die im 4. Jh. v. Chr. gebaute Straße beginnt an der Porta San Sebastiano und endet in Brindisi in Apulien. Auf den ersten Kilometern wähnt man sich auf einem Friedhof: Grabmal reiht sich an Grabmal. Besonders eindrucksvoll sind die ● **Grabstätte der Cäcilia Metella,** und die Reste des **Circo di Massenzio,** einer Palastanlage von Kaiser Maxentius mit einem Mausoleum für seinen Sohn.

▷ Katakomben

Bei den Katakomben handelt es sich um ehemalige Steinbrüche, die den Christen zur Bestattung ihrer Toten überlassen wurden. Ein kaiserliches Gesetz verbot die Schändung von Grabmälern, daher dienten die Katakomben in der Zeit der Christenverfolgungen auch als Zufluchtsstätten. Am interessantesten sind die **Catacombe di San Sebastiano** (Via Appia Antica 132), **di Priscilla** (Via Salaria 430) und **di Domitilla** (Via delle Siete Chiese).

Ostia Antica

25 km von Rom. Im Sommer tgl. 9 bis 18, im Winter 9–16 Uhr. Eintritt.
Eine Straße, von Grün überwucherte Lagerhäuser, Brunnen, Kornmühlen,

Kneipen und Tempel für orientalische Gottheiten, sogar eine **Synagoge** – so sieht heute der einstige Hafen Roms aus. Außer dem kleinen **Museum** verdienen das **Theater,** das **Kapitol** (der bedeutendste Tempel) und der **Fischmarkt** Beachtung. Von Letzterem sind die Marmortische erhalten, auf denen einst die Ware ausgelegt wurde.

▶ *Die Nekropole von Cerveteri* 👁

Di–So 9 Uhr bis 1 Std. vor Einbruch der Dämmerung, im Winter bis 16 Uhr. Eintritt.
Die etruskische Nekropole ist eine der beeindruckendsten Ausgrabungsstätten Italiens. Ob Grabkammer, Grabhügel oder die steinerne Nachbildung eines Hauses (mit allen Gegenständen, die der Verstorbene im Jenseits benötigen könnte) – jedes Grabmal erzählt seine eigene Geschichte.

▶ *Die Nekropole von Tarquinia*

Di–So 9 Uhr bis 1 Std. vor Einbruch der Dämmerung. Eintritt.
Durch leider meist angelaufene Glasscheiben blickt man in **etruskische Grabkammern,** deren Wände mit mythologischen Szenen und Darstellungen von Festgelagen bemalt sind.

Albaner Berge und Castelli Romani

20 km südwestlich von Rom.
Sanft geschwungene Straßen und kleine Orte, in denen man leckere Wurstwaren kaufen und in schattigen Lauben einen guten Tropfen genießen kann, prägen das Gesicht der Albaner Berge. Von den 17 Castelli Romani ist besonders **Castel Gandolfo,** der Sommersitz des Papstes, sehenswert. Genießen Sie den friedlichen Anblick des Albaner Sees und besuchen Sie zum Schluss Frascati. Das Städtchen ist berühmt für seinen moussierenden Wein.

Castel Gandolfo ist der Sommersitz des Papstes und zieht deshalb zahlreiche Besucher an

Tivoli

30 km östlich von Rom.
Das Leben im antiken Tibur am Fuß der Sabiner Berge ist beschaulich. Im Gewirr der Gassen, in denen alte Frauen ein Schwätzchen halten, stößt man auf den **Rundtempel der Sibylle.** In Tivoli und in der Umgebung lohnen einige Villen einen Stopp.

▶ *Villa d'Este* 💙

Di–So 9 Uhr bis 1 Std. vor Einbruch der Dämmerung.
Der Palast von Kardinal Ippolito d'Este stammt aus dem 16. Jh. und birgt **Fresken** im manieristischen Stil. Wirklich bezaubernd aber sind die auf mehreren Ebenen angelegten

Hauptattraktion der Villa d'Este ist ihre Gartenanlage mit zahlreichen Brunnen

ne aufgebaut. Von einem ganz in Marmor gehaltenen Hof, der eher an einen Palast denn an ein Kloster erinnert, steigt man über eine Treppe zur mächtigen Kirche hinauf, die im Stil des Barock mit Fresken, Stuck und Gold verziert ist. Die Abtei, die 529 von Benedikt von Nursia gegründet wurde, zählt zu den bedeutendsten christlichen Klöstern der Welt.

Gärten mit unzähligen Brunnen. Die Fontana del Bicchierone wurde vom stets auf theatralische Effekte sinnenden Bernini geschaffen. Auf dem Weg der **Cento Fontane** (»Hundert Brunnen«) reihen sich groteske, Wasser speiende Fratzen aneinander, ganz als ob sie Spalier stünden.

▶ *Villa Hadriana*

Di–So 9 Uhr bis 1 Std. vor Einbruch der Dämmerung.
Die 70 ha große Anlage geht auf Kaiser Hadrian zurück, der sich nebenberuflich gern mit Architektur beschäftigte. Ein Modell am Eingang vermittelt einen guten Überblick über das Gelände. Man besichtigt u. a. die beiden Bibliotheken (griechisch und lateinisch), die Thermen und den berühmten Kanopus, ein von Statuen gesäumtes langes Wasserbecken.

Montecassino

Juli–Aug. tgl. 8.30–12, 15.30 bis 18 Uhr, in den übrigen Monaten nur bis 17 Uhr. Eintritt.
Die Benediktinerabtei wurde im Zweiten Weltkrieg von deutschen Bomben und Granaten stark zerstört, in der Nachkriegszeit jedoch wieder auf der Grundlage der alten Bauplä-

Typisch italienisch – der Martini

»Martini« tauchte erstmals im Jahr 1863 als Markenname auf, nachdem Alessandro Martini und Luigi Rossi eine Firma gegründet und in einem kleinen Betrieb in Pessione, im Herzen des Piemont, mit der Herstellung eines Wermut begonnen hatten. Das Getränk, dessen unnachahmlicher Charakter sich aus einer subtilen Verbindung von Bitterkeit und Süße ergibt, fand schnell Anhänger und wurde vom Hafen Genua in die ganze Welt geliefert.

Das Rezept ist seit seiner Erfindung nicht verändert worden und wird – sorgsam gehütet – von Generation zu Generation weitergegeben. So kennen bis heute nur zwei Personen die Ingredienzien, die der Schlüssel zum Erfolg des Getränks sind. Ob mit Eiswürfeln, Zitrone oder im Cocktail genossen – ein Martini steht für italienische Lebensart.

Neapel und Kampanien

Neben den berühmten Ferieninseln Capri und Ischia und der amalfitanischen Traumküste hat Kampanien mehr zu bieten als »nur« Sonne, Sand und Meer: Da ist zunächst Neapel, das Tor zum Süden und einstige Zentrum europäischer Kultur und Geschichte. In Pompeji oder Herculaneum wird das Altertum lebendig, und die Tempel von Paestum zählen zu den bedeutendsten aus griechischer Zeit.

Hauptstadt der Region: Neapel
Provinzen: Avellino, Benevento, Caserta, Neapel, Salerno
Fläche: 13 595 km²

Neapel

Die Metropole des Mezzogiorno mit ihren über 1,2 Mio. Einwohnern ist das Enfant terrible Italiens: unverschämt und undiszipliniert, laut und kaum regierbar. Diese Stadt scheint ein einziges Chaos und ist eruptiv wie der schwefelreiche, vulkanische Boden, der sie hervorgebracht hat. Doch trotz der zahlreichen ökonomischen und ökologischen Probleme bleibt Neapel eine sehenswerte Stadt, deren spannende Geschichte und lange kulturelle Tradition es zu entdecken gilt.

odichino
km

Min.

TAXI
000 L

▶ *Geschichte*

Die cumäischen Griechen gründen im 7. Jh. v. Chr. im Gebiet der heutigen Altstadt eine Siedlung *(palaiopolis* – »alte Stadt«). Darüber entsteht im 5. Jh. v. Chr. die »neue Stadt« *(neapolis).*

Als die Römer im 3. Jh. v. Chr. Kampanien erobern, entwickelt sich die Stadt zu einer komfortablen Sommerfrische für die betuchte Prominenz vom Palatin. Der Tod des letzten römischen Kaisers Romulus Augustulus bezeichnet das Ende der römischen Epoche.

Goten, Lombarden, Sarazenen fallen in die Region ein und bescheren ihr unruhige Zeiten. 536 n. Chr. schließlich gerät Neapel unter byzantinische Herrschaft. Im 12. Jh. erlangt Roger II. von Sizilien die Macht über Neapel. Damit ist das süditalienische Königreich geboren.

In Neapels Altstadt entdeckt man noch ursprüngliche neapolitanische Lebensart

1224 gründet Friedrich II. die erste staatliche Universität der Welt. Karl von Anjou bemächtigt sich 1266 der Stadt, macht sie zur Hauptstadt des Angevinischen Reichs und lässt zahlreiche Künstler aus Norditalien und Frankreich kommen. 1442 übernehmen die spanischen Könige von Aragon die Herrschaft.

Mit der Zunahme der Bevölkerung im 16. Jh. verändert auch die Stadt ihr Aussehen: Neue Straßen und Viertel entstehen. Zu Beginn des 17. Jhs. ist Neapel mit ca. 300 000 Einwohnern zwar die größte Stadt Europas, aber kurz darauf setzt schon ihr Niedergang ein: Hungersnöte, der Ausbruch des Vesuv, eine Pestwelle und Erdbeben suchen die Stadt heim und dezimieren die Bevölkerung um mehr als die Hälfte.

Von 1734 bis 1860 herrschen die spanischen Bourbonen über Neapel, – mit einer kurzen Unterbrechung: Napoleons Versuche, die französische Herrschaft über Neapel zu etablieren, scheitern auch am Widerstand der neapolitanischen Elite.

Nach der kurzen Regentschaft von Murat, dem Schwager Napoleons (1808–1815), besteigen die spanischen Bourbonen wieder den Thron.

1860 fügt Garibaldi den Süden dem neuen Königreich Italien hinzu. Mit der Einigung stellt sich aber bald das Problem des Nord-Südgefälles. Neapel, die frühere Hauptstadt eines Königreichs, wird zu einer Provinzstadt degradiert. Im Zweiten Weltkrieg werden große Teile der Stadt zerstört, und auch nach dem Krieg erleidet der Wiederaufbau – wie durch das Erdbeben 1980 – empfindliche Niederlagen.

◗ *Altstadt*

Das Viertel um den **Spaccanapoli** (der Straßenzug Via B. Croce bis Via S. Biagio d. Librai) und die **Via dei Tribunali** gehört zu den ältesten der Stadt. Man kann einen Rundgang aber auch vor den Toren der Altstadt, im Nationalmuseum, beginnen.

◆ *Museo Archeologico Nazionale* 👁

Piazza Museo Nazionale 19.
Mo, Mi–Sa 9–14, So 9–13 Uhr.
Das Museum beherbergt eine der bedeutendsten Sammlungen antiker Kunst. Glanzstücke der sog. 💜 **Farnesischen Sammlung** sind Gegenstände, Fresken und Mosaiken aus Pompeji (»Alexanderschlacht«) und Herculaneum.

Danach geht man von der Piazza Dante durch die Porta Alba direkt in das Herz der Altstadt. Auf der Piazza Bellini mit ihren zahlreichen Cafés befinden sich noch Überreste der griechischen Befestigungsmauern aus dem 4. Jh. v. Chr.

Etwas weiter ragt in der Via dei Tribunali der 👁 **Campanile** der Kirche **Santa Maria Maggiore** (Mo–Sa 9–14 Uhr) empor, eines der wenigen Beispiele mittelalterlicher Architektur in Neapel.

Autofahren in Neapel

In Neapel ist das Hupen kein Warnsignal, sondern ein Kommunikationsmittel. Stehen Sie etwa an einer roten Ampel? Machen Sie bloß, dass Sie weiterkommen! Befinden Sie sich in einem Stau? Dann fahren Sie doch über die Straßenbahnschienen oder, noch besser, die Einbahnstraße in entgegengesetzter Richtung! Auch wenn die Neapolitaner einen Blechschaden kaum scheuen, so verfügen sie doch über einen sprichwörtlichen Selbsterhaltungstrieb. Wenn man sie nur ein paar Minuten beobachtet, wird die *maestria*, mit der sie ein Auto lenken, sofort deutlich. Was aber die Touristen betrifft, so sollten diese ihren Wagen – befreit von jeglichem begehrenswerten Gegenstand – abstellen und die Stadt zu Fuß erkunden.

Die neapolitanische Polizei erweist sich gelegentlich als äußerst zuvorkommend gegenüber ratlosen Touristen

◆ Santa Maria delle Anime del Purgatorio

Via dei Tribunali 39. Mo–Sa 9 bis 14 Uhr.

Schon am Fuß der Treppe wird der Besucher von drei Totenköpfen angegrinst. Die Kirche ist dem Totenkult geweiht. Anwohner legen hier täglich Nelken nieder, um Unglück von sich fern zu halten.

◆ San Paolo Maggiore

Piazza San Gaetano. Mo–Sa 9 bis 14 Uhr, So 11–12 Uhr.

Auf der Piazza San Gaetano befand sich in der Antike das Forum. Die heutige Basilika begann Francesco Grimaldi 1583 umzugestalten und mit buntem Marmor zu versehen. Sie entstand auf den Resten einer mittelalterlichen Kirche, die wiederum auf Resten eines römischen Tempels erbaut wurde. Von diesem sind noch zwei Säulen erhalten, die in die Kirche integriert wurden.

◆ San Lorenzo Maggiore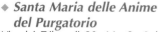

Via dei Tribunali 316. Mo–Sa 8–12, 16.30–18 Uhr.

Auch diese Basilika wurde auf den Überresten des alten Neapolis errichtet. Im 6. Jh. existierte hier ein frühchristlicher Bau. Im 13. Jh. entstand eine der bedeutendsten mittelalterlichen Kirchen der Stadt. Von dieser sind noch **hölzerne Klöppel** 💚 erhalten, ebenso das große Portal aus dem 14. Jh. Die Fassade wurde in der Barockzeit umgestaltet. Bei Restaurierungsarbeiten im 20. Jh. wurden die Barockelemente im Innern entfernt, sodass der gotische Charakter der Kirche wieder hervortrat. Beeindruckend sind **das Kirchenschiff** und die wunderschöne 💚 **Apsis.**

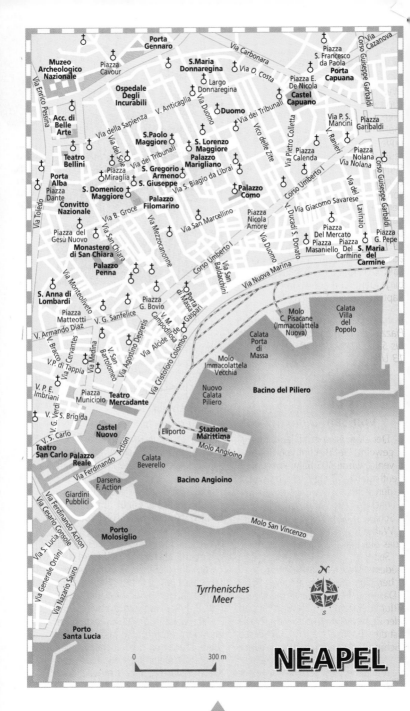

Muzeo Archeologico Nazionale

Porta Gennaro

Piazza Cavour

S.Maria Donnaregina

Largo Donnaregina

Piazza S. Francesco da Paola

Piazza E. De Nicola

Porta Capuana

Castel Capuano

Via P. S. Mancini

Piazza Garibaldi

Ospedale Degli Incurabili

Acc. di Belle Arte

Teatro Bellini

Porta Alba

Piazza Dante

Convitto Nazionale

Piazza del Gesù Nuovo

Monastero di San Chiara

Palazzo Penna

S. Anna di Lombardi

Piazza Matteotti

V. Armando Diaz

V.P. di Tappia

V. P. E. Imbriani

V. V. S. Brigida

V. S. G. Verdi

V. S. Carlo

Teatro San Carlo

Palazzo Reale

Piazza Municipio

Teatro Mercadante

Castel Nuovo

Giardini Pubblici

Porto Molosiglio

Porto Santa Lucia

Duomo

V. Anticaglia

Via della Sapienza

S. Paolo Maggiore

S. Lorenzo Maggiore

Palazzo Marigliano

S. Gregorio Armeno

S. Giuseppe

S. Domenico Maggiore

Palazzo Filomarino

Via B. Croce

Via S. Biagio da Librai

Piazza Miraglia

Via dei Tribunali

Vico delle Zite

Via Pietro Colletta

V. Ranieri

Piazza Nolana

Via Nolana

Piazza Calenda

Corso Umberto I

Via Giacomo Savarese

Piazza Del Mercato

Piazza Masaniello

Del Carmine

S. Maria del Carmine

Piazza G. Pepe

Palazzo Como

Piazza Nicola Amore

Via San Marcellino

Via Mezzocannone

Corso Umberto I

Via San Baldacchini

Porta di Massa

Piazza G. Bovio

V. M. Campodisola

V. Agostino Depretis

V. G. Sanfelice

V. Cervantes

V. Medina

V. San Bartolomeo

V. Alcide de Gaspari

Via Cristoforo Colombo

Via Nuova Marina

Molo C. Pisacane (Immacolattella Nuova)

Calata Porta di Massa

Molo Immacolattela Vecchia

Nuovo Calata Piliero

Bacino del Piliero

Calata Villa del Popolo

Eliporto

Stazione Marittima

Molo Angioino

Calata Beverello

Bacino Angioino

Via Ferdinando Action

Darsena F. Action

Via Cesareo Console

Via S. Lucia

Via Generale Orsini

Via Nazario Sauro

Molo San Vincenzo

Tyrrhenisches Meer

N

0   300 m

NEAPEL

◆ Dom 👁

Via Duomo 147. Mo–Sa 9–12, 16.30–19, So 9–12 Uhr.

Der Duomo San Gennaro blickt auf eine wechselvolle Baugeschichte zurück. Die auf zwei Vorgängerbasiliken errichtete Kirche wurde mehrmals umgebaut und im 19. Jh. unvorteilhaft restauriert. Der Innenraum wird von mehr als 100 antiken Säulen gestützt und ist reich mit barockem Stuck verziert. Die ursprünglich gotische Gestalt ist an der **Cappella Minutolo** zu erkennen. Sehenswert ist auch die in den Dom integrierte, älteste Kirche Neapels, die **Cappella Santa Restituta** aus dem 9. Jh. mit einem 💚 **Mosaik der Jungfrau Maria.** Zudem birgt der Dom eines der ältesten Baptisterien der Welt.

◆ San Domenico Maggiore

Piazza San Domenico Maggiore. Mo bis Sa 7.30–12, 16.30–19, So 9 bis 13 Uhr.

Das Blutwunder von San Gennaro

Der Dom ist dem hl. Januarius geweiht. Der Bischof von Benevento wurde 305 nahe Pozzuoli enthauptet. 500 Jahre später wurden seine sterblichen Überreste nach Benevento überführt, der Schädel blieb jedoch in Neapel. Während des Transports begann das Blut San Gennaros zu fließen.

Seitdem findet das Wunder an jedem 1. Mai und am 19. September, dem Tag des Heiligen, statt. Das in zwei Phiolen aufbewahrte Blut verflüssigt sich vor den Augen der Zuschauer. Den Neapolitanern ist dies ein Zeichen dafür, dass der Schutzpatron auch weiterhin seine Hand über Neapel hält.

Hier kann man französische Gotik an einem Renaissanceplatz bewundern. Die Kirche wurde unter Karl II. von Anjou errichtet. Dann machten Erdbeben und Brände zahlreiche Umbauten erforderlich. Der dreischiffige Innenraum ist reich mit Stuck geschmückt. Bemerkenswert sind die Fresken aus dem 14. Jh., das **Deckengemälde** 💚 von Francesco Solimena aus dem 18. Jh. und die 45 Särge der Angehörigen des aragonischen Hofs.

◆ Cappella Sansevero 👁

Via Francesco de Sanctis 19. Mo bis Sa 10–17, So 10–13 Uhr, Di geschl. Eintritt.

1590 als Grabstätte der Familie di Sangro errichtet, erlangte die Cappella erst im 18. Jh. Beachtung. Der Fürst von Sansevero, Raimondo di Sangro, ließ die Andachtskapelle völlig neu ausstatten: mit buntem Marmor, wunderschönen Fresken, und herrlichen Skulpturen wie der des 💚 **Verhüllten Christus** von Giuseppe Sammartino. Gruselig sind dagegen die zwei Skelette in der Krypta der Kirche: Der Fürst, Wissenschaftler und Alchimist soll in einem Experiment das Blut zweier Menschen versteinert haben.

◆ Santa Chiara 👁

Via Benedetto Croce. Kirche: tgl. 7 bis 12.30, 16–19 Uhr. Kreuzgang: Mo–Sa 8.30–12.30, 16–18.30, So 9.30 bis 13 Uhr.

Die Fassade aus dem 14. Jh. wirkt nüchtern. Beeindruckend sind die Fresken von Giotto und die schönen Grabmäler wie das von Robert dem Weisen von Anjou. Die stille gotische Kargheit kontrastiert mit dem lebensfrohen 💚 **Klostergarten** aus dem 18. Jh. Er ist mit bunten Majoliken der Brüder Massa geschmückt. Die Fliesen bedecken Wände, Mäuerchen und Pfeiler und zeigen u. a. Hafenszenen.

Der Klostergarten von Santa Chiara: farbenprächtige Majoliken auf Bänken und Mauern

▶ Das historische Zentrum

Ganz in der Nähe des Hafens liegt jenes Viertel, das einst das politische Zentrum Neapels war: Zwischen der weitläufigen, symmetrisch gestalteten Piazza del Plebiscito und der mit Grünanlagen geschmückten Piazza Municipio residierten früher die Könige der Herrschaftshäuser Anjou und Aragon, heute ist hier der Sitz der Regionalregierung.

◆ Castel Nuovo 👁
Via Vittorio Emanuelle III. Mo bis Sa 9–19 Uhr.

Die auch Maschio Angioino genannte angiovinische Festung und Residenz aus dem 13. Jh. dominiert den Hafen. Das Relief über dem **Renaissanceeingang** ♥ dürfte die untergegangene Dynastie bis ins Grab ärgern: Es stellt einen Triumph des aragonischen Nachfolgers Alfons dar. Beeindruckend sind auch die Kreuzrippengewölbe in der **Sala dei Baroni.** Hier wurden auf Befehl König Ferdinands I. von Aragon Adelige niedergemetzelt, weil er sie des Verrats verdächtigte. Im Schloss befindet sich auch das ♥ **Stadtmuseum** mit einer Sammlung neapolitanischer Kunst aus dem 15.–19. Jh.

◆ Palazzo Reale 👁
Piazza del Plebiscito. Di bis Sa 9–14 Uhr.

Unter dem spanischen Vizekönig Fernando Ruiz de Castro begann man 1600 mit dem Bau einer neuen Residenz. Die Jahrzehnte während Herrschaft ausländischer Regenten über Neapel dokumentieren die acht Statuen an der Fassade.

Der Palazzo wurde mehrmals umgebaut und musste besonders nach einem Brand und den Bombenschäden von 1943 sorgfältig restauriert werden. Heute be-

Neapel unterirdisch

In seinem Roman »Die Haut« schildert Curzio Malaparte das tragische Leben der Neapolitaner, die im Zweiten Weltkrieg vor den amerikanischen Bomben in unterirdische Gänge flüchteten, die noch heute die Stadt durchziehen. In der Nähe des Viertels San Lorenzo am Decumanus kann man einen Teil davon besichtigen. Dort finden sich auch Läden aus der Römerzeit, die fast vollständig intakt sind. Auch in Capodimonte kann man rätselhafte Höhlen und Katakomben besuchen. Die Führung übernehmen verschiedene Vereinigungen, die Uhrzeiten wechseln. Darüber hinaus gibt es auch an anderen Stellen der Stadt zahlreiche versteckte Höhlen, in denen gelegentlich mysteriöse Veranstaltungen stattfinden.

herbergt er die größte **Bibliothek** Südtaliens. Zu besichtigen sind – im Rahmen von Führungen – die königlichen Gemächer, das kleine Hoftheater, der Thronsaal sowie eine Gemäldesammlung.

◆ Teatro San Carlo

Via San Carlo.

Das zu den ältesten Opernhäusern der Welt zählende Gebäude wurde unter Karl III. innerhalb kürzester Zeit gebaut und 1737 eingeweiht. Bald war es Mittelpunkt der europäischen Musikszene und begründete Neapels Ansehen als Hauptstadt der Oper. Das Teatro San Carlo bietet 3000 Zuschauern Platz. Man kann es besichtigen, allerdings wechseln die Öffnungszeiten.

◆ Galleria Umberto I 💙

Vier Zugänge: über die Via Toledo, Via San Carlo, Via Verdi und Via Santa Brigida.

In der 1890 eröffneten Passage fällt das Licht durch die achteckige Kuppel aus Eisen und Glas auf den spiegelnden Marmorfußboden. Früher ein Treffpunkt für Musiker, dient der Komplex heute eher dem Shopping.

◗ Vomero

Mit der Zugseilbahn kann man auf den 250 m hohen Hügel oberhalb Neapels fahren. Das frühere Viertel der Adeligen bietet reizvolle Blicke auf die vorgelagerten Inseln.

◆ Certosa di San Martino 👁

Largo San Martino 5. Di–So 9 bis 14 Uhr. Eintritt.

Das Kartäuserkloster aus dem 14. Jh. erhielt im 16. und 18. Jh. den heutigen barocken Charakter. Aber nicht nur das Gebäude lohnt einen Besuch: Vom Klostergarten aus hat man zudem den schönsten Blick auf den Golf von Neapel und im Kircheninnern befinden sich Arbeiten von nahezu allen Künstlern, die vom 16. bis zum 18. Jh. in Neapel lebten. Besonders sehenswert ist die im **Museo Nazionale,** dem Kunst- und Geschichtsmuseum der Kartause beheimatete 💙 **Sammlung neapolitanischer Krippen.**

◆ Villa Floridiana

Via Domenico Cimarosa 77. Di bis So 9–14 Uhr.

Die klassizistische Villa ist von einem großen Park umgeben. Ferdinand I. ließ sie für seine Gattin bauen. Heute beherbergt das Gebäude das

Die Galleria Umberto I braucht den Vergleich mit den Passagen norditalienischer Städte nicht zu scheuen

Museo Nazionale della Ceramica
(Keramikmuseum).

◆ Castel Sant'Elmo
Via Tito Angelini. Di–So 9–14 Uhr.
Die Festung wurde im 15. Jh. von
Robert dem Weisen errichtet. Ihr
Grundriss ist sternförmig. Einst königliche Residenz, Verteidigungsan-
lage und später Gefängnis, dient
die Burg heute als Ausstellungsge-
bäude. Auch von hier hat man einen
🔵 **schönen Blick** auf Neapel.

◗ Capodimonte

Das Viertel liegt nördlich der Stadtmauern. Man erreicht es über eine
elegante doppelläufige Freitreppe,
die zur Kirche San Giovanni a Car-
bonara (Nr. 5 der gleichnamigen
Straße) führt. Wer die Pracht des
Königspalasts genossen hat, sollte
einmal in die **Katakomben des Sa-
nità-Viertels** abtauchen. Sehenswert ist auch die imposante Schar-
lachtreppe im 🔵 **Palazzo dello
Spagnolo** (Via Vergini 19).

◆ Museo Nazionale
di Capodimonte 👁
*Via Miano 2. Di–So 10–18, feiertags
9–14 Uhr.*
Der Palast aus dem 18. Jh. beherbergt mehr als 300 Kunstwerke des
13.–18. Jhs., darunter Gemälde von
Raffael, Tizian und Caravaggio.
Außerdem besitzt das Museum eine
kostbare Porzellansammlung.

Extra-Tipp!
Wappnen Sie sich wegen der
endlosen Staus mit Geduld,
wenn Sie mit dem Auto vom
Hafen aus auf den Posilippo
fahren. Es lohnt sich. Von dort
oben genießt man nachts
einen besonders romantischen
Blick über die Bucht.

Morgendlicher Lungomare

Nutzen Sie den 🔵 Sonn-
tagmorgen, wenn ganz Neapel
noch schläft: Im Jachthafen
Borgo Marinaro kehren die
Taucher noch auf ein Glas
Rotwein in eine Bar ein. Man
hört präzises, regelmäßiges
Plätschern: Ein Student
verbessert seine Zeit im Kajak-
fahren. Mit heiserer Stimme
wirbt ein Mann schon zu so
früher Stunde um Kundschaft für
seine Garküche. Unerschütter-
lich wacht das Castel dell'Ovo
über diesen beschaulichen
Sonntagmorgen. Die Burg
ist die älteste Festung Neapels.
Früher stand hier das Wohnhaus
des Römers Lukull. Später
lebten christliche Mönche des
Basiliusordens an diesem Ort
und im 12. Jh. begann man mit
dem Ausbau einer Befestigungs-
anlage. Ein Jahrhundert später
tauchte erstmals der Name auf:
Einer Legende nach hat Vergil
hier ein Ei *(ovo)* in eine Flasche
gezaubert und diese in einem
Eisenkäfig verschlossen.
Wenn das Ei heil bliebe, würde
der Stadt nichts Böses
widerfahren – so die Legende.
Ein Besuch lohnt sich auf
jeden Fall, allein schon wegen
des Blicks über ganz Neapel,
der sich von der Terrasse
aus bietet.

Für den Besuch von Pompeji sollte man mindestens einen halben Tag einplanen

Pompeji

25 km südöstlich von Neapel.

Am 24. August des Jahres 79 bricht der Vesuv aus. Innerhalb kürzester Zeit werden 25 000 Menschen unter Asche und Steinen begraben. Pompeji existiert nicht mehr. Ablauf und Ausmaß der Katastrophe sind in einem Brief von Plinius dem Jüngeren an den Konsul Tacitus überliefert. Für fast 17 Jahrhunderte fällt die Stadt unter der Lavaschicht danach dem Vergessen anheim. Erst 1748 beginnen die ersten Ausgrabungen, 30 Jahre später findet man Nekropolen und Befestigungsanlagen. Doch erst seit 1924 wird dank stratografischer Untersuchungen die Restaurierung der Häuser in Angriff genommen. Die Ausgrabungen werden bis heute fortgesetzt.

Pompeji kommt eine besondere Stellung unter den Ausgrabungsstätten der römischen Antike zu: Das Leben in dem blühenden Handels- und Landwirtschaftszentrum wurde vom Ascheregen quasi eingefroren und der Nachwelt auf diese Weise ein plastisches Bild vom Alltagsleben – von Wahlkampfgraffiti bis zur Speisekarte – übermittelt. Man erkannte dadurch auch den nachhaltigen Einfluss des Hellenismus in Kampanien.

Pompeji soll von den Oskern gegründet worden sein, später vergrößerten die Etrusker die Stadt. Gegen 425 v. Chr. erreicht sie ihre endgültige Ausdehnung: 65 ha, auf denen sich Wohnhäuser, Gärten und Felder erstrecken. 89 v. Chr. besetzt Sulla die Stadt und gibt ihr einen neuen Namen: Colonia Veneria Cornelia. Ab dieser Zeit übernehmen die Einwohner die römischen Sitten und Gebräuche, ohne jedoch ihre Eigenheit ganz aufzugeben.

▶ *Der Westsektor*

Eingang Porta Marina.

Die Via Marina mündet in das Forum, das Zentrum Pompejis. Hier befinden sich auch einige der interessantesten Gebäude: der ♥ **Tempel des Apollon, des Jupiter** und **des Vespasian,** das **Comitium** (Sitz der Magistrate und Stadträte), die **Basilika** (Justizpalast), das **Macellum** (Markthalle) und das **Ge-**

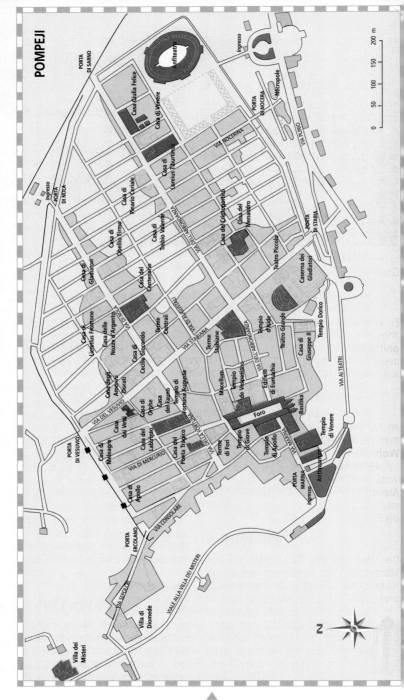

POMPEJI

PORTA DI SARNO
PORTA DI NOLA
PORTA DI VESUVIO
PORTA ERCOLANO
PORTA MARINA
PORTA STABIA
PORTA NOCERA
PORTA

Ingresso

Anfiteatro
Casa Giulia Felice
Casa di Venere
Casa di Loreius Tiburtino
Casa di Pinario Ceriale
Casa di Thebio Valente
Casa del Criptoportico
Casa del Menandro
Teatro Piccolo
Caserma dei Gladiatori
Tempio Dorico
Teatro Grande
Tempio d'Iside
Casa di Giuseppe II
Edificio di Eumachia
Basilika
Tempio di Vespasiano
Tempio di Venere
Macellum
Foro
Tempio di Giove
Tempio di Apollo
Terme di Fori
Casa del Poeta Tragico
Casa del Fauno
Casa di Orphe
Casa del Labirinto
Casa dei Vetti
Casa di Meleagro
Casa di Apollo
Casa degli Amorini Dorati
Casa di Cecilio Giocondo
Casa delle Nozze d'Argento
Loretius Fronione
Casa del Centenario
Casa di Obellio Firmo
Casa di Gladiatori
Terme Centrali
Terme Stabiane
Tempio di Fortuna Augusta
Antiquarium

Casa di Loreius Tiburtino

VIA DI NOLA
VIA DEL VESUVIO
VIA DI MERCURIO
VIA DELLA FORTUNA
VIA DELLA ABBONDANZA
VIA STABIANA
VIA DI AUGUSTA
VIA DI NOCERA
VIA ROCERINA
VIA CONSOLARE
VIA MARINA
VIA AI TEATRI
VIA SEPOLCRI
VIALE ALLA VILLA DEI MISTERI

Villa dei Misteri
Villa di Diomede

Necropole
Ingresso

N

0   50 100 150 200 m

bäude der Eumachia, der Patronin der Tuchhändler und Wollfärber.

◗ *Der Südsektor*

In der Nähe der Porta di Stabia trifft man auf ein zweites Stadtzentrum, das **Foro Triangolare,** das vermutlich von einem Säulengang umgeben war. Die Mischung aus Kultstätten und Vergnügungszentrum dokumentiert, dass die griechische Kultur zu römischer Zeit noch sehr lebendig war. Hier befinden sich: ● der **Isistempel,** der **Tempel des Jupiter,** das **Große Theater,** das **Odeum** (oder: Kleine Theater), eine **Palästra** aus samnitischer Zeit sowie die **Gladiatorenkaserne.**

◗ *Der Ostsektor*

Er wird vom vermutlich ältesten erhaltenen **Amphitheater** ● der Welt beherrscht. Es stammt aus dem 1. Jh. v. Chr.

◗ *Der Nordsektor*

Im Nordwesten des Geländes trifft man auf einige der schönsten **Wohnhäuser Pompejis,** so das ● **Haus der Vettier** (Casa dei Vetti), das **Haus der vergoldeten Amoretten** (Casa dei Amorini Dorati) und das **Haus des Fauns** (Casa del Fauno).

◆ *Die Mysterienvilla*

Die Villa dei Misteri außerhalb der Stadtmauern Pompejis erhielt ihren Namen aufgrund der Wandmalereien, die dem Dionysos-Kult und seinen Mysterien gewidmet sind. Besonders berühmt ist das ● **große Gemälde,** ein Freskenzyklus von 17 m Länge im früheren Speisesaal der Villa.

> **Extra-Tipp!**
> Wer gern fotografiert, sollte Pompeji am späten Nachmittag besuchen. Dann sind die Lichtverhältnisse besonders gut.

Herculaneum ◉

11 km südöstlich von Neapel.
Das antike Herculaneum befindet sich unter der heutigen Ortschaft Ercolano und ist erst zur Hälfte freigelegt. Herakles soll die Stadt gegründet haben. Zuvor lebten hier

Herculaneum ist kleiner als Pompeji, aber zum großen Teil auch besser erhalten

möglicherweise Cumäer und Etrusker. Dann eroberten die Samniten die Stadt. 89 v. Chr. wurde Herculaneum endgültig römisch. Nach dem Ausbruch des Vesuv wurde die Stadt unter einer Schlammflut begraben und erst 1790 wieder entdeckt.

◗ *Die Hauptstraßen*

Die fünf Hauptstraßen (Decumano Massimo, Decumano Inferiore, Cardo III, IV und V) erschließen etwa 30 Häuser, das Thermopolium, (Lokal für den Verkauf von Getränken und Speisen), die Basilika und die Thermen. Beeindruckend sind das schöne ● **Mosaik im Haus des Neptun und der Amphitrite** (Casa del Nettuno e Anfitrite), die **Am-**

phoren der Kornhandlung (Bottega dei Cereali), der schöne Fußboden im 💚 **Samnitischen Haus** (Casa Sannitica), die Marmorgruppen im **Haus der Hirsche** (Casa dei Cervi) und der Bronzebrunnen **der Palästra.**

Bewegendes Zeugnis von der Katastrophe geben die vier zusammengekrümmten 💚 **Skelette** im Haus des Skeletts. Anders als in Pompeji konnte in Herculaneum zwar ein großer Teil der Bevölkerung fliehen, aber es wurden auch dort noch zahlreiche sterbliche Überreste von Menschen entdeckt.

Die Inseln

◗ Capri

Die Überfahrt von Neapel nach Capri dauert mit dem Tragflügelboot 40 Min., mit der Fähre 1. Std. 15 Min. bzw. 2 Std. (mit Zwischenstopp in Sorrent). Im Sommer sind im Ausland zugelassene Wagen auf der Insel verboten.

Die Griechen nannten die Insel *Káprios*, »Insel des Ebers«. Die Römer verballhornten das zu *Capreae*, also »Insel der Ziege«. Kaiser Augustus schwärmte für sie und tauschte sie gegen das zu Rom gehörende Ischia. Kein schlechter Tausch für die Neapolitaner, denn Ischia ist so fruchtbar wie Capri trocken. Tiberius errichtete auf der Insel seine letzte Residenz. Erst im 19. Jh. wurde Capri zum Ziel für Touristen. Auf ihren 10 km² befinden sich zwei Ortschaften: **Capri** und **Anacapri.**

Extra-Tipp!
Auf einer Bootsfahrt um die Insel können Sie zahlreiche schöne Felsgrotten entdecken.

◆ *Capri*
Wer sehen und gesehen werden will, der sollte sich an der **Piazza Umberto I** niederlassen, bei Eingeweihten auch als *Piazzetta* bekannt, ein Treffpunkt der Einheimischen und Touristen. Von hier erreicht man zu Fuß (über die Via Vittorio Emanuele, die Via Serena, dann links in die Via Certosa) das Kartäuserkloster, die 💚 **Certosa di San Giacomo** (Di–So 9–14 Uhr). Wer dagegen von der Via Serena rechts in die Via Matteotti abzweigt, steht bald in den **Gärten des Augustus** (Giardini di Augusto). Beeindruckend ist der Blick von der Aussichtsterrasse auf die Südseite der Insel, Schwindel erregend die sich in steilen Kurven zur **Marina Piccola** den Felshang hinunter schlängelnde **Via Krupp**.

Im Nordosten der Insel lohnt die **Villa Jovis,** die Residenz des Kaisers Tiberius, einen Besuch (Di–So 9 Uhr bis 1 Std. vor Sonnenuntergang; Eintritt). Vom höchsten Punkt des Ausgrabungsgeländes, dem Salto di Tiberio, hat man einen fantastischen Blick 💚 über den Golf von Neapel.

Einer der landschaftlich reizvollsten Spaziergänge führt zum ebenfalls schönen Aussichtspunkt **Punta Tragara,** vorbei an der Villa Curzios Malapartes zur **Grotta di Matermania** und dem **Arco Naturale** im Osten der Insel.

◆ *Anacapri*
Im weniger mondänen Anacapri steht die schöne Barockkirche **San Michele** (tgl. 9–18 Uhr im Sommer, 10–15 Uhr im Winter). In der **Villa** gleichen Namens (Zugang über die Piazza della Vittoria; tgl. 9–18 Uhr im Sommer, 10–15.30 Uhr im Winter; Eintritt) wohnte der schwedische Arzt und Schriftsteller **Axel Munthe**, der mit seinem autobio-

grafischen Roman »Das Buch von San Michele« (1929) bekannt wurde.

Von Anacapri aus (von der Piazza Vittoria) bietet sich auch ein Ausflug mit dem Sessellift auf den **Monte Solaro** an. Von dort oben hat man einen fantastischen Blick. Sehenswert sind auch die Ruinen des **Castello Barbarossa** und die **Villa Damecuta.**

❱ *Ischia*

Die Überfahrt von Neapel dauert mit dem Tragflügelboot 45 Min., mit der Fähre 1 Std. 20 Min.

Wer nicht allzu viel Zeit hat, um die Schönheiten der Insel zu Fuß zu erkunden, dem empfiehlt sich eine **Ischia-Rundfahrt** mit dem Taxi: Von Ischia Porto aus geht es zunächst in den Norden der Insel, nach **Lacco Ameno**. Hier entstand die erste griechische Ortschaft *(Pithekoussai)*. Im Westen liegt **Forio** mit den Poseidon-Gärten (Thermalpark). Wen es zum Meer zieht, der macht einen Abstecher in den Süden, zum malerischen **Sant'Angelo,** und fährt dann weiter nach **Fontana,** dem mit 452 m höchsten Ort der Insel. Von hier bietet sich ein anderthalbstündiger Aufstieg zum **Monte Epomeo** an. Über Barano fährt man zurück nach Ischia Porto, allerdings nicht ohne zuvor einen Abstecher zur Burginsel **Castello Aragonese** gemacht zu haben.

Extra-Tipp!

Mit dem Tragflügelboot ist man in 30 Minuten auf der Insel Procida. Sie ist weniger touristisch und lädt ein zu schönen Wanderungen durch Zitronenhaine.

Die Amalfiküste

Auf der südlichen Seite der Sorrentiner Halbinsel, von der Punta della Campanella bis nach Salerno, erstreckt sich eine der aufregendsten Panoramastrecken Italiens. In zahlreichen Kurven windet sich die Straße um die Felsen und überrascht mit fantastischen Ausblicken auf das Meer, die terrassierten Zitrusgärten oder malerische Fischerhäfen. Von Sorrent aus erreicht man die Küste über Sant'Agata dei Due Golfi.

Die Costa Amalfitana gehört zu den schönsten Panoramastrecken am Mittelmeer

❱ *Sorrent*

50 km südlich von Neapel.

Die blumenreiche Stadt liegt an der Spitze der Landzunge, die den Golf von Neapel von dem von Salerno trennt. Seitdem Lord Byron hier vorbeikam, entwickelte sie sich zum – wenn auch etwas aus der Mode gekommenen – Muss für den britischen Tourismus: Hotelklötze, die unter wucherndem Blattwerk fast

Einwohner Amalfis, der ersten Seerepublik Italiens, gründeten den Malteserorden

ertrinken, pastellfarbene Häuser, und darüber die duftenden Zitronenplantagen, aus denen der Limoncello kommt, ein süßer Likör, der in ganz Italien hergestellt wird, aber nirgendwo so aromatisch ist wie hier.

Das Zentrum des Ortes, die **Piazza Torquato Tasso,** ist benannt nach dem berühmten Renaissancedichter, der hier 1544 geboren wurde. Seltene Ausgaben seiner Werke und andere Kostbarkeiten aus der kampanischen Provinz findet man im **Museo Correale** (April–Sept. 9–12.30, 17–19 Uhr, Okt.–März 15 bis 17, So 9–12.30 Uhr). Außer einem Stadttor aus römischer Zeit in der **Via Versale** sollte man sich auch den gotischen **Dom** und die **Basilika Sant'Antonio** ansehen. Reizvoll ist auch ein Besuch der Orte **Vico Equense** und **Seiano.**

Positano

28 km von Sorrent.
Von hier aus hat man eine fantastische Aussicht über die Bucht. Das alte Fischerdorf ist durchzogen von engen Gassen, die immer wieder durch Treppen unterbrochen werden. Nicht nur der weltberühmte Architekt Le Corbusier war von der pittoresken Küstenarchitektur fasziniert. Längst ist aus der früheren Seefahrerstadt ein gut besuchter Ferienort geworden.

Amalfi 👁

17 km von Positano.
840 wird in Amalfi die erste italienische Seerepublik gegründet. An ihrer Spitze steht, wie später in Venedig, ein Doge. Besonders gute Beziehungen unterhält die Stadt zu Konstantinopel und Alexandria. Die Amalfitaner haben den ersten Seerechtskodex entwickelt, den Malteserorden gegründet und – angeblich – den Kompass und die Gotik erfunden. Zu Letzterer sollen sie die zur Ausbesserung umgekehrten Schiffsrümpfe inspiriert haben!

◆ Dom
Der Duomo Sant'Andrea wurde im 9. Jh. errichtet. Man erreicht ihn über eine imposante Treppe (tgl. 9 bis 13, 15–18 Uhr). Die Fassade ist geschmückt mit mehrfarbigen Steinen und einem prächtigen **Portal aus Bronze,** das in Konstantinopel gegossen wurde. Das Innere wurde in der Barockzeit völlig umgestaltet. In der Krypta befinden sich **Reliquien des hl. Andreas,** die 1208 aus Konstantinopel geraubt wurden. Die ineinander verschlungenen Spitzbögen im **Paradieskreuzgang** verraten arabischen Einfluss. Sehenswert ist auch der mit farbigen Ziegeln gedeckte **Campanile.**

◆ Arsenal
In den beiden ehemaligen Schiffswerften aus dem 9. Jh. nahe der Hafenstraße sollen früher Galeeren mit bis zu 116 Ruderplätzen gebaut worden sein. Heute dienen sie als Ausstellungshallen.

◆ Die Papiermühlen
Noch heute kann man im **Valle dei Mulini** eine dieser düsteren Werkstätten besichtigen: Eine alte Papier-

Tabula Amalfitana

Dieser Seerechtskodex wurde vor neun Jahrhunderten aufgestellt und besteht aus 66 Artikeln. Sie sind in Küchenlatein abgefasst. Das Wort »Tabula« weist darauf hin, dass die Pergamentblätter an der Mauer befestigt waren, damit ein jeder, vom Reeder bis zum geringsten Schiffsjungen, sein Recht kannte. Ein Beispiel hängt im Saal des Stadtrats von Amalfi: »Wenn sich ein Kaufmann als einer von jenen Geizhälsen erweist, die lieber sterben als was auch immer zu verlieren, und wenn ihn dieser Geiz dazu treibt, jegliches Abwerfen von Ware zur Erleichterung eines Schiffs im Sturm zu verweigern, müssen der Kapitän und die auf dem Schiff anwesenden Ehrenmänner ihm die Notwendigkeit darlegen, Ballast abzuwerfen. Hält er an seiner Habgier fest, muss der Kapitän dafür die ganze Gemeinschaft zu Zeugen aufrufen und mit dem Abwerfen beginnen.«

mühle wurde als **Museum Nicola Miano** umgebaut (tgl. 9–13 Uhr, Mo, Fr geschl.). Das Geheimnis der Papierherstellung gelangte im 12. Jh. nach Amalfi. Ein kanalisierter Fluss bewegte die Hämmer, mit denen Leinenfetzen und Wasser zu Brei verarbeitet wurden.

▶ *Ravello*
5 km von Amalfi.

Der traumhaft schöne Ort verdankt seine Bekanntheit vor allem den von Legenden umrankten Gärten der **Villa Rufolo** (tgl. 9–13, 15–19 Uhr): Den Komponisten Wagner inspirierten sie zu der Oper »Parsifal«. In dieser Tradition findet hier alljährlich mit großem Erfolg ein **Wagner-Festival** statt. Auch Boccaccio lässt eine Novelle des Decamerone in Ravello spielen. Von den Terrassen der **Villa Cimbrone** aus erblickt man die Badeorte **Minori** und **Maiori**.

Extra-Tipp!
In Battipaglia bekommen Sie den originalen Mozzarella. Er wird nicht aus Kuh-, sondern aus Büffelmilch hergestellt.

▶ *Salerno*

25 km von Ravello.

Obwohl schon im 5. Jh. v. Chr. gegründet, brach die Blütezeit Salernos erst mit der Herrschaft der Normannen im 11. Jh. an. Das hohe Ansehen, das die Stadt im Mittelalter in ganz Europa genoss, ging auf die *Scuola Medica*, die Medizinschule zurück.

Heute präsentiert sich Salerno mit seinen über 150 000 Einwohnern als eine lebhafte Handels- und Industriemetropole.

◆ *Dom* ♥
Piazza Alfano I. Tgl. 7.30–12, 16 bis 20 Uhr.

Die Kathedrale wurde von Robert Guiscard als Wiedergutmachung für die Schäden erbaut, die seine Belagerung verursacht hatte. Man betritt den Dom durch ein mit Rosetten und einer barocken Balustrade geschmücktes Atrium. Am Mittelportal befinden sich die berühmten

Die Schule von Salerno

Die *Scuola Medica* entstand vermutlich im 9. Jh. unter dem Einfluss der zahlreichen Mönchsorden der Stadt; im Mittelalter existierten hier über 30 Klöster. Während der Kreuzzüge wurden viele von ihnen zu Krankenstationen umfunktioniert. Die Mönche nahmen verletzte Soldaten, aber auch Pilger auf und heilten sie auf der Basis selbst entwickelter Rezepturen. Die Behandlungsvorschriften – zum Teil in Form von Sprüchesammlungen abgefasst – verbreiteten sich rasch. So trug die Schule von Salerno maßgeblich zur Entwicklung der Medizin in Europa bei. Beispielsweise nahm die Lehre von den Körpersäften (Humoralpathologie) in Salerno ihren Ausgang. In die Behandlungsmethoden der Mönche flossen andererseits Erkenntnisse aus jenen Ländern ein, mit denen die rege Handels- und Kulturmetropole Salerno in Verbindung stand.

Bronzetüren, im Innern zwei schöne Amben aus dem 12. Jh. Sehenswert sind auch das **Marmorgrabmal** und die **Krypta.**

Das **Museum** hinter dem Dom besitzt eine der größten Sammlungen an mittelalterlichen Elfenbeinarbeiten (Mo–Sa 9–13 Uhr, So geschl.).

◆ *Castello di Arechi*

Die über der Stadt gelegene Burg wurde von Robert Guiscard eingenommen und dokumentiert eine der frühesten Episoden der Eroberung Süditaliens durch die Normannen.

▶ *Paestum*

38 km von Salerno.
Zwischen Rhododendren und Zypressen erheben sich die Tempel von Paestum. Sie befinden sich nicht weit von den **Ruinen der römischen Stadt Paestum**, die zuvor den griechischen Namen *Poseidonia* trug. Das Tempelgelände hat drei Eingänge, die Tempel befinden sich an der Via Sacra. Der **Cerestempel** (auch: Athenatempel) und die **Basilika** (auch: Heratempel), die ebenfalls ursprünglich ein Tempel war, wurden beide im 6. Jh. v. Chr. errichtet. Der schönste der drei Sakralbauten, der **Neptuntempel,** (auch: Poseidontempel) entstand 450 v. Chr. – als Phidias den Parthenon entwarf. Über die Frage, ob der Neptuntempel schöner ist als der Konkordiatempel in Agrigent, wird wohl noch lange gestritten werden.

Im **Museum** (tgl. 9–18.30 Uhr, jeden 1. u. 3. Mo im Monat geschl.) werden Skulpturen und Bildnisse der Hera gezeigt, außerdem befindet sich dort auch die berühmte Darstellung des »Tauchers«.

Westlich von Neapel

▶ *Solfatara*

12,5 km von Neapel.
Tgl. 8.30–18 Uhr. Eintritt.
Die Solfatara ● mitten in den Phlegräischen Feldern ist ein seit Tausenden von Jahren erloschener Vulkan und war im 19. Jh. eine bekannte Heilquelle. Schwefelgase verbreiten einen beißenden Geruch und ständig steigen heiße Schlammfontänen aus dem Krater – ein grandioses Naturschauspiel.

des 👁 **Amphitheaters** im Norden der Stadt (Via Terracciano 75; tgl. 9–16 Uhr). Mit fast 40 000 Plätzen war es eines der größten der römischen Antike. Beeindruckend sind die unterirdischen Gewölbe, in denen der Legende nach der hl. Januarius (San Gennaro) von Raubtieren getötet werden sollte. Diese aber legten sich – von ihm besänftigt – zu seinen Füßen. Daraufhin enthauptete man den Heiligen vor der Stadt. An der Stelle, an der er hingerichtet worden war, wurde später eine Kirche errichtet.

▶ *Cumae* 👁

9 km von Pozzuoli.
Cumae (griech. *Kyme*) ist die älteste griechische Siedlung der italienischen Halbinsel, wahrscheinlich sogar des westlichen Mittelmeers. Die im 8. Jh. v. Chr. erbaute Hafenstadt ergab sich den Römern erst im 3. Jh. Aus der hellenistischen Zeit stammen die **Akropolis** (tgl. 9 Uhr bis zur Dämmerung) mit dem Apollo- und Jupitertempel und die sog. Sibyllengrotte, das 👁 **Antro della Sibilla Cumana,** ein geheimnisvoller, trapezförmiger Gang, der in den Tuffstein gegraben wurde und an dessen Ende man von der Priesterin das Orakel erfuhr.

Nord- und Ostkampanien

▶ *Caserta*

34 km nördlich von Neapel.
Die Nachbarstadt Neapels war in früherer Zeit unter dem Namen La Torre (»der Turm«) bekannt. Unter den Bourbonen wurde sie das Verwaltungszentrum des Königreichs Neapel.

Mitten auf den Phlegräischen Feldern leuchten die gelborangen Lavablöcke der Solfatara

▶ *Pozzuoli* 👁

2 km von Solfatara.
Die von den Griechen gegründete Stadt war in der römischen Antike bedeutendste Handelsstadt, etwa für den Sklavenhandel. Wegen der schwefligen Dämpfe und der Nähe der Solfatara mussten die Menschen Pozzuoli jedoch immer wieder verlassen, zuletzt 1970. Heute leben im städtischen Zentrum der Phlegräischen Felder immerhin über 70 000 Einwohner. Lohnend ist der Besuch

Extra-Tipp!

Im Gebiet der Phlegräischen Felder gibt es mehrere Seen (Lago d'Averno, Lago di Lucrino, Lago di Fusaro), deren Ufer zu ausgedehnten Spaziergängen einladen.

◆ Palazzo Reale

Königliche Gemächer und Museum: Mo–Sa 9–13.30, So 9–12.30 Uhr. Park: im Sommer 9–18, im Winter 9–16.30 Uhr.

Berühmt ist Caserta vor allem wegen des Palasts. Der Bourbone Karl III. beauftragte den Architekten Luigi Vanvitelli mit dem Bau. Dieser nahm das Projekt 1752 in Angriff. Es entstand ein Palast von 247 m Länge und 184 m Breite. Die 1200 Zimmer verteilen sich auf fünf Etagen. Von außen wirkt der Bau eher nüchtern, im Innern ist er pompös und farbenfroh. Eine **Ehrentreppe** aus polychromem Marmor führt zu einer Kapelle und den königlichen Gemächern. Heute ist in dem Palast eine Verwaltungshochschule untergebracht.

Beliebt ist bei Besuchern vor allem der 120 ha große, barock gestaltete **Park** mit Brunnen, Wasserspielen und Bassins, die mit Statuen geschmückt sind.

▶ Benevento

80 km nördlich von Neapel; 48 km östlich von Caserta.

Die Samniten nannten es Maloenton, was in der lateinischen Transkription zu Maleventum (»schlechter Wind«) wurde. Nicht ohne Humor tauften die Römer den Ort dann Beneventum (»guter Wind«). Im Hochmittelalter war er Hauptstadt der Lombarden, die mit dem Byzantinischen Reich um die Vorherrschaft in Süditalien rangen. Später wurde die Stadt von napoleonischen Truppen besetzt und der Kaiser ernannte den französischen Staatsmann Talleyrand zum Fürsten von Benevento. In der jüngeren Vergangenheit hatte die kleine Provinzhauptstadt nicht nur unter den Bomben des Zweiten Weltkriegs, sondern auch immer wieder unter Erdbeben zu leiden.

◆ Stadtzentrum

Der Stadtkern wird von der **Kathedrale** dominiert. Durch die Via Carlo Torre kommt man zum **römischen Theater** (Teatro Romano). Es wurde von Kaiser Hadrian errichtet und konnte bis zu 20 000 Personen aufnehmen.

Kommt man von der Kathedrale, so geht man über den Corso Garibaldi nach links. Dort befindet sich der **Trajansbogen** (Arco di Traiano). Er wurde 114 zur Einweihung der Via Traiana errichtet und bezeugt mit seinen Skulpturen und Reliefs die Baukunst der römischen Kaiserzeit. Einen Zwischenstopp lohnt auch die Kirche **Santa Sofia** an der Piazza Matteotti.

▶ Capua 👁

60 km westlich von Benevento; 35 km nördlich von Neapel.

Das heutige Capua wurde im 8. Jh. von den Langobarden gegründet und ist ein lebhafter Ort mit zahlreichen Häusern aus dem Barock und der Renaissance.

Nur 4 km weiter südlich liegt das **antike Capua**: S. Maria Capua Vetere (tgl. 9 Uhr bis zur Dämmerung). Es ist wegen seines ❤ **Amphitheaters** berühmt, das nicht viel kleiner ist als das Kolosseum in Rom. Hier nahm der Spartacusaufstand seinen Anfang.

▶ Avellino

57 km östlich von Neapel.

Die Provinzhauptstadt in den Wäldern der Hirpinischen Berge wurde 1980 durch ein Erdbeben stark zerstört und musste mühsam wieder restauriert werden. Empfehlenswert ist der Besuch des 10 km entfernten **Klosters Montevergine**. In diesem festungsartigen Gebäude ist eine reichhaltige 👁 **Krippensammlung** untergebracht.

Molise

Das zwischen Apulien und Abruzzen gelegene Molise ist eine zu Unrecht nahezu unbekannte Region. Früher gehörte es zu den Abruzzen, trennte sich aber 1963 von diesen ab. Das kaum industrialisierte Bauernland lockt mit sanften Hügeln und schroffen Bergen, sauberen Stränden und historischen Schätzen.

Hauptstadt der Region:
Campobasso
Provinzen: Campobasso, Isernia
Fläche: 4438 km²

Campobasso

155 km nordöstlich von Neapel.
Für eine Regionalhauptstadt macht der Ort einen wenig dynamischen Eindruck. Die nach dem Krieg teilweise wieder aufgebaute Unterstadt weist keine architektonischen Sehenswürdigkeiten auf. Die hübsche **Altstadt** zieht sich im Halbrund hinauf zum recht schroff wirkenden **Castello Monforte,** das vermutlich von den Lombarden erbaut wurde.

Saepinum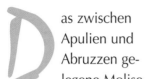

30 km südlich von Campobasso.
Die Ausgrabungsstätte bei Sepino ist auch unter dem Namen **Altilia** bekannt.

Innerhalb des mit vier Toren versehenen Mauerrings der antiken römischen Stadt finden sich Reste des Forums, eines Markts, der Thermen und einer Basilika. Durch die rekonstruierte 🔵 **Porta Bovianum** gelangt man zu einem Grabmal und zum Eingang des Theaters.

Isernia

49 km westlich von Campobasso.
Auch diese Stadt hatte unter dem Krieg zu leiden. Sie liegt auf einem Hügel und wird von zwei Flüssen, Cavaliere und Carpino, begrenzt.

▶ *Altstadt*

Das Zentrum mit Spuren aus samnitischen und römischen Zeiten hat sich seinen Charme bewahrt. Lange Zeit beanspruchte der Ort den Titel der ersten Hauptstadt Italiens für sich: Seine strategisch günstige Lage beförderte ihn im Jahr 91 v. Chr. an die Spitze der italischen Bundesgenossen. Weiteres Glück war der Stadt leider nicht beschieden: Zwölfmal wurde sie durch Erdbeben oder Kriegshandlungen zerstört. Zum letzten Mal im September 1943; bei der Bombardierung starben 4000 Menschen.

An der Piazza d'Andrea dominiert die 1837 nach einem Erdbeben wieder aufgebaute **Kathedrale San Pietro**. Ein Besuch des **Nationalmuseums** (in den Räumen des ehemaligen Klosters neben der Kirche Santa Maria delle Monache) lohnt sich unbedingt: Dort werden samnitische und römische Fundstücke gezeigt. Im Süden der Stadt hat man die Reste eines 👁 **steinzeitlichen Lagers** ausgegraben.

♦ *Fontana della Fraterna*

Stolz der Stadt ist dieser Brunnen zwischen der Piazza Celestino und der Piazza Carducci. Seine Steine sollen aus dem Mausoleum der Familie Pontia stammen, der Sippe von Pontius Pilatus. Als Hinweis darauf gilt die Inschrift: »(famili)AE PONT(iae)«.

Pescolanciano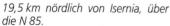

19,5 km nördlich von Isernia, über die N 85.
Das mächtige **Castello d'Alessandro** ♥ ragt auf einem Felsen aus den umliegenden Wäldern heraus und lädt zum Besuch ein.

Pietrabbondante

12 km nördlich von Pescolanciano.
Am Fuß des Monte Caraceno liegt eine **samnitische Ausgrabung,** die wohl bedeutendste archäologische Stätte im Molise. In der touristisch gut erschlossenen Anlage, dem Zentrum des antiken **Samnium,** be-

finden sich ein römisches Theater und zwei Tempel aus dem 2. und 3. Jh. v. Chr.

Agnone ♥

22 km nördlich von Pietrabbondante.
Der kleine Bergort ist bekannt für seine Süßwaren *(dolci)*, Glocken und Kupferarbeiten. Das **Museo Marinelli** gibt einen Überblick über die Geschichte der Glockengießerkunst und zeigt seltene Gussobjekte. Die Pfarrkirche **Sant'Antonio Abate** aus dem 12. Jh. wurde im 17. Jh. umgestaltet und weist einen mächtigen Glockenturm auf (18. Jh.).

Termoli

67 km nördlich von Campobasso.
Die mittelalterliche **Altstadt** neben dem Fischereihafen und der schöne **Badestrand** sind einen Besuch wert. Der architektonisch geschlossen wirkende Ort hat sich viel von seinem ursprünglichen Charakter bewahren können. Hier schifft man sich zu den Tremiti-Inseln ein.

Slawische Enklave im Molise

Im 15. Jh. fanden slawische Volksgruppen katholischen oder orthodoxen Bekenntnisses vom Balkan Zuflucht im Molise. Sie waren von den Türken aus ihrer Heimat vertrieben worden. Bis heute haben sich in drei Dörfern die Bräuche und sogar ein slawischer Dialekt, das *stokavo-ikavo*, erhalten: In Acquaviva Collecroce, Montemitro und San Felice del Molise findet man zweisprachig beschriftete Straßenschilder.

Die Abruzzen

Schroff und rau sind die Abruzzen an den Abhängen des fast 3000 m hohen Gran-Sasso-Massivs. Doch in weicheren Wellen fallen sie zur Adria hin ab. Römische Ausgrabungsstätten, Kastelle und romanische Kirchen belegen die Geschichte dieser grandiosen Gebirgs- und Hügellandschaft. Heute beglückt sie mit ihren Naturparks vor allem die Wanderer.

Hauptstadt der Region: L'Aquila
Provinzen: Chieti, L'Aquila, Pescara, Teramo
Fläche: 10 749 km²

L'Aquila 👁

110 km nordöstlich von Rom.
Am besten kommt man in L'Aquila abends an, zur Stunde der *passeggiata,* wenn sich die ganze Stadt auf dem **Corso Federico II,** dem **Domplatz** und dem **Corso Vittorio Emanuele** trifft. Man hört kein Auto, wohl aber das Gelächter und das Stimmengewirr in den Gassen ringsumher. Ab 21 Uhr füllen sich dann die Restaurants und gleichzeitig versinkt die ehemalige römische Siedlung allmählich in den Schlummer.

Der Name – *l'aquila* bedeutet Adler – passt zur Stadt, denn wie ein Adlerhorst liegt sie hoch oben im Herzen der Abruzzen.

Der Ort wurde 1254 gegründet, verlor die Selbständigkeit unter Kaiser Karl V., erholte sich von einem Erdbeben im Jahr 1703, widerstand 1799 den Franzosen und erhob sich im 19. Jh. in den Freiheitskriegen. Heute ist L'Aquila die Hauptstadt der Abruzzen, ein kulturell und wirtschaftlich blühendes Zentrum der Region um den Gran Sasso.

▶ Dom

Piazza del Duomo.
Der Dom San Massimo wurde im 13. Jh. errichtet und nach Erdbeben mehrfach wieder aufgebaut (letztmals 1703). Die klassizistische Fassade wurde erst 1928 fertig gestellt. Die Kirche **Santa Maria del Sufragio** steht ebenfalls am großen Domplatz und stammt aus dem 18. Jh.

Piazza del Duomo – während des morgendlichen Markts ist hier viel los

Basilica di San Bernardino

Setzt man die Stadterkundung unter den Arkaden des Corso Vittorio Emanuele in Richtung Via San Bernardino fort, stößt man auf die gleichnamige Basilika: Die Renaissancefassade der Franziskanerkirche aus fast golden leuchtenden hellen Steinen wirkt imposant (16. Jh.).

Bei der Innenausstattung fällt vor allem die Gestaltung der Barockdecke und der Orgelempore ins Auge. In einer der Kapellen ist der hl. Bernhardin von Siena – ein populärer Prediger, der 1440 in L'Aquila starb – zur letzten Ruhe gebettet. Sein gewaltiges Grabmal stammt aus dem Jahr 1505.

Castello

Am Ende des Corso Vittorio Emanuele in die Via del Castello einbiegen. Tgl. 9–14, im Sommer zusätzlich 15 bis 19.30 Uhr.

Das 1535 von Spaniern zur Herrschaftssicherung erbaute, durch gewaltige Bastionen verstärkte und bis heute unversehrte Kastell beherbergt einen **Konzertsaal** und das **Nationalmuseum der Abruzzen** (Öffnungszeiten wie Kastell). Dort ist neben mittelalterlicher und moderner Kunst auch Kunsthandwerk ausgestellt.

Santa Maria di Collemaggio

Hinter der Porta di Napoli den Viale XXIV Maggio einschlagen.

Dieses Bauwerk ist L'Aquilas Hauptanziehungspunkt für Kunstfreunde. Das strenge geometrische Muster der romanisch-gotischen Fassade der prächtigen Kirche wird aufgelockert durch üppig verzierte **Rundbogenportale** und **Fensterrosen.**

Innenraum

Die dreischiffige Kirche weist neben einem schönen **vielfarbigen Fußboden** interessante Votivfresken aus dem 14. Jh. und das Grabmal von Cölestin V. auf. Dieser Papst war nach fünf Monaten im Amt freiwillig zurückgetreten und hatte sein Einsiedlerleben als Bruder Pietro da Morone wieder aufgenommen.

Fontana delle 99 Cannelle

Der Brunnen der 99 Röhren symbolisiert den Ursprung der Stadt. Der Legende zufolge sollen sich 99 Dörfer zur Gründung zusammengeschlossen haben. Es heißt sogar, dass es in L'Aquila 99 Plätze, 99 Kirchen und 99 Brunnen gibt. Am Ende eines schmalen und holprigen Weges findet man an einem Hügel die 1272 erbaute Anlage aus rotem und weißem Marmor. Angeblich sprudelt das Wasser aus 99 verschiedenen Wasserspeiern ins Becken. Der geduldig nachzählende Besucher wird sich mit einer geringeren Anzahl zufrieden geben müssen.

Zählen Sie doch einmal die Masken an der Fontana delle 99 Cannelle

▶ Weitere Sehenswürdigkeiten

L'Aquila ist reich an Spuren aus der Vergangenheit. So reihen sich in der **Via Sassa** (rechts vom Dom) ohne jede Berührungsangst mittelalterliche Gebäude an Barockhäuser. Hinzu kommen die Kirchen, z. B. **San Marco** (in einer Parallelstraße zum Corso Federico II), erbaut im 14. Jh. Die strenge, von einer schönen Rosette verzierte Fassade wurde erst im 18. Jh. vollendet. Die Kirche **San Silvestro** liegt ein wenig abseits (westlich der Festung in der Viale Duca degli Abruzzi), belohnt den Umweg aber mit sehenswerten Fresken aus dem 15. Jh.

Nördlich von L'Aquila

▶ Teramo

38 km nordöstlich von L'Aquila.
Die Provinzhauptstadt Teramo liegt umgeben von fruchtbaren Hügeln am Zusammenfluss von Tordino und Vezzola. Sie ist stolz auf die Reste eines **römischen Amphitheaters** östlich der Kathedrale.

Bedeutendstes Baudenkmal der Stadt ist die romanische **Kathedrale San Berardo** (12. Jh.) mit ihrem spitzgiebligen ● **Hauptportal.** Interessant sind außerdem der Campanile und ein silberner Altarvorsatz aus dem 15. Jh. sowie eine »Marienkrönung« des venezianischen Malers Iacobello del Fiore (um 1420).

Die kleine Kirche **San Getulio** steht auf den Mauern der älteren Kathedrale, die im 12. Jh. von den Normannen zerstört wurde. Im Innern kann man Stücke eines Triforiums aus dem 6. Jh. und byzantinische Freskenreste betrachten.

▶ Atri

33 km südöstlich von Teramo.
Atri ist eines der schönsten Städtchen der Abruzzen. Die romanischgotische Kathedrale **Santa Maria Assunta** (13./14. Jh.; tgl. 9–12, 17 bis 20 Uhr, im Winter bis 18 Uhr) mit eindrucksvoller Fassade besticht durch ihre prachtvolle Einfachheit. Der Vorgängerbau ging auf eine römische Thermenanlage zurück. Im **Palazzo Acquaviva** (Mo–Sa; Eintritt) kann man Fresken mit Darstellungen aus dem Leben der abruzzesischen Bevölkerung bewundern.

Südlich von L'Aquila

▶ Avezzano

44 km südlich von L'Aquila.
Die moderne Stadt, wurde Anfang des 20. Jhs. von einem Erdbeben zerstört und im Zweiten Weltkrieg bombardiert. Erhalten blieben lediglich die Ruinen des im 15. Jh. erbauten **Castello Orsini.**

▶ Albe und Alba Fucens

10 km nördlich von Avezzano.
Besuchenswert ist in **Albe** die Kirche **San Pietro,** ein schönes Beispiel für

die romanische Bauweise der Benediktiner. Errichtet wurde das Gotteshaus auf einem Apollotempel, von dem noch Reste erhalten sind.

Nahezu unbezwingbar war die befestigte Römerstadt **Alba Fucens,** deren Ruinen – darunter die Reste einer Basilika, der Thermen, eines Amphitheaters und eines Herkulestempels – wegen ihrer einmaligen Lage sehenswert sind.

▷ *Tagliacozzo* ◗

17 km westlich von Avezzano.
Mit seinen Häusern in Ocker- und Rosatönen wirkt der Ort sehr idyllisch.

Östlich von L'Aquila

▷ *Popoli*

48 km südöstlich von L'Aquila.
Auf dem Weg nach Pescara lohnt hier ein Besuch der **Taverna Ducale,** dem Sitz der Handelsfamilie Cantelmo. Der Palast gilt als prächtigster mittelalterlicher Profanbau der Abruzzen. Auch ein Abstecher zu dem kleinen Ort **Gagliano Aterno** mit einem Kastell aus dem 14. Jh. ist zu empfehlen.

▷ *Sulmona*

13 km südlich von Popoli.
In diesem netten Städtchen wurde der lateinische Dichter Ovid geboren, der die mythologische Enzyklopädie der »Metamorphosen« und die »Liebeskunst« verfasste. Berühmt ist der Abruzzenort aber auch für seine in Blumenform arrangierten Bonbons. Diese farbenprächtigen *confetti* kann man in winzigen Läden bewundern und erwerben.

◆ *Santissima Annunziata*
Palazzo: im Sommer Di–So 9.30 bis 12.30, 15–17 Uhr, im Winter Di–Sa
9.30–12.30, So 9.30–12.30, 15 bis 17 Uhr, Mo geschl.
Am Corso Ovidio fällt einem das Annunziata-Ensemble gleich ins Auge. Die Fassaden von Kirche und Palazzo gehen ineinander über und zeigen Bauteile aus der Gotik, der Renaissance und des Barock in gelungener Mischung. Der Palazzo birgt das **Städtische Museum** mit antiker und mittelalterlicher Abteilung.

▷ *Chieti*

40 km nordöstlich von Popoli.
In dem Ort mit der Aussicht aufs ferne Meer herrscht ein lebhaftes Treiben. Er liegt über dem Pescaratal inmitten von Weingärten und Olivenhainen. Eine schöne Atmosphäre herrscht um die **Piazza Vittorio Emanuele** herum.

Drei **römische Tempel** (bei der Via Priscilla), das **Nationalmuseum der Antike** (bei der Villa Communale; tgl. 9–13.30 Uhr) und die Überreste der **Thermen** (Besichtigung auf Anfrage beim Nationalmuseum) laden zum Besuch ein.

▷ *San Clemente a Casauria*

29 km südöstlich von Chieti. Tgl. 9 bis 15.30 Uhr.
Die Abtei San Clemente ist das berühmteste Bauwerk der gesamten Abruzzen. Sie wurde 871 unter Ludwig II. gegründet und sollte den antiken Tempel Casa Aurea ersetzen. Die Reliquien des hl. Klemens wurden eine Zeit lang hier aufbewahrt. Vor den Schrecken der Geschichte hat dies die Abtei aber nicht geschützt: Sie wurde erst von den Sarazenen und dann von den Normannen zerstört, von den Benediktinern wieder aufgebaut und im 14. Jh. erneut durch ein Erdbeben verwüstet. Heute kann man den Übergang von der Romanik zur

Gotik noch am **Portikus** und dem dreischiffigen Innern der Kirche erkennen. Beachten Sie dort die **Kanzel** aus dem 12. Jh., den Ständer für die Osterkerze (13. Jh.) und das Ziborium über dem beeindruckenden frühchristlichen ♥ **Sarkophag** aus dem 4. Jh., bevor Sie die Krypta aus dem 9. Jh. besichtigen.

Adriaküste

▶ *Pescara*

100 km nordöstlich von L'Aquila.
Pescara ist die größte Stadt der Abruzzen und ein blühendes Handelszentrum. Zum Fischfang sind inzwischen noch Raffinerieprodukte und der Tourismus gekommen. Kulturell hat die Stadt allerdings wenig zu bieten, sieht man vom Geburtshaus des wegen seiner Verherrlichung Mussolinis umstrittenen Dichters Gabriele D'Annunzio ab. Pescara hat außerdem ein **Museum des Brauchtums in den Abruzzen** (Corso Mantone; tgl. 9–14, im Sommer zusätzlich 16–20 Uhr).

Extra-Tipp!

An der Küste entlang erstrecken sich nördlich von Pescara über 50 km hinweg sieben Badeorte mit ihren Stränden: Martinsicuro-Villa Rosa, Alba Adriatica, Tortoreto Lido, Giulianova Spiaggia, Roseto degli Abruzzi, Pineto und Silvi Marina.

▶ *Ortona*

23 km südlich von Pescara.
Wie von Termoli im Molise aus kann man von hier auf die **Tremiti-Inseln** übersetzen. Da der Ort im Zweiten Weltkrieg verwüstet wurde, sind kaum historische Bauwerke erhalten. Allerdings lohnt sich ein Blick auf die beiden gotischen Portale der **Kathedrale** (Piazza San Tommaso) und auf das aragonische **Kastell** hoch über dem Meer.

◆ *San Giovanni in Venere*

Etwa 20 km südlich von Ortona bei Fossacesia.
Diese über dem Meer inmitten von Olivenhainen thronende, schmucke romanische **Kirche** wurde ab 1200 erbaut – auf den Mauern einer älteren Klosteranlage. Von hier hat man einen fantastischen **Panoramablick.**

▶ *Vasto*

39 km südlich von Ortona.
Auch dies ist ein Ort mit Ausblick übers Meer und ins Hinterland. Sehenswert sind außerdem das **Kastell** aus dem 13. Jh. und der zwei Jahrhunderte später errichtete **Bassanoturm** – ein Teil der Stadtbefestigung. Beide Monumente befinden sich direkt an der Piazza Rossetti im Stadtzentrum.

Nationalparks

▶ *Parco Nazionale del Gran Sasso* ◉

Am **Gran Sasso** (wörtlich: großer Stein) **d'Italia** liegt das Herz der Apenninkette. Die höchste Erhebung ist der **Corno Grande** mit 2912 m. Winters fährt man hier Ski, im Sommer bewundert man die Weiden in der herben Bergwelt.

Von L'Aquila erreicht man nach 8 km **Bazzano** mit seiner auf das 9. Jh. zurückgehenden, der hl. Justa geweihten Kirche.

Gut 10 km weiter stößt man auf das schöne Bergdorf **Assergi.** Die Kirche Santa Maria Assunta glänzt mit ihrem romanischen Portal. Im Nordosten des Ortes befindet sich der Eingang zum Tunnel durch den

Verschneit im Winter, ein Wander-
paradies im Sommer: Der Gran Sasso
d'Italia ist das Herz des Apennin

Gran Sasso, der auf die Nordseite des Massivs Richtung Teramo führt.

◆ Skigebiet Campo Imperatore

Den Campo Imperatore sollten Sie nicht versäumen. Zugänglich ist die weite Hochebene mit der Seilbahn (nur im Sommer und Winter) oder über die Autostraße, die durch das fantastische Gebirge führt. Nach 30 km Kurven wird die Vegetation immer spärlicher. Eigenwillig geformte Gipfel rahmen das bekannte Skigebiet ein.

Auf dem Plateau grüßt das gleichnamige Hotel. Das mächtige Gebäude im Bergbauernstil ist berühmt, weil Mussolini nach Badog-

---

Extra-Tipp!

Für eine etwa zweistündige Wanderung biegen Sie hinter Pescasseroli in das Val Fondillo ein. Dort führt ein Weg zur Grotte delle Fate (»Feengrotte«).

---

lios Staatsstreich hier gefangen gehalten wurde. Er hätte seine Tage auf dem Gran Sasso beschließen können, doch ließ er sich im September 1943 von einem von Hitler entsandten SS-Kommando befreien.

▶ Nationalpark der Abruzzen 👁

Der erste derartige Park Italiens (1923 eingerichtet) erstreckt sich mit seinen 40 000 ha bis nach Latium und in das Molise hinein. Im Frühling und Herbst kommen seine Buchen- und Lärchenwälder am besten zur Geltung. Zahllos sind die vielen Vogelarten, die hier beheimatet sind. Bisweilen trifft man auch auf Füchse und Marder. Wer viel Glück hat, sieht sogar einen Hirsch. Ausgeschilderte Wege laden zu mehrstündigen Wanderungen ein. Die meisten Routen beginnen in **Pescasseroli** und **Villetta Barrea** (Parkmöglichkeit im alten Sägewerk).

▶ Maiella-Nationalpark

Die 80 000 ha des 1991 gegründeten Parks erstrecken sich über Teile der Provinzen Chieti, Pescara und L'Aquila. Hirsche, Wildkatzen und Wildschweine sind hierher zurückgekehrt; sogar Wölfe und Braunbären leben hier. Für Ornithologen ist der Naturpark eine Paradies – nicht zuletzt wegen der seltenen Dohlenarten, Wanderfalken und Kaiseradler.

Bei **Lama dei Peligni** kann man Gämsen in weitläufigen Freigehegen beobachten. Ein zweistündiger Fußmarsch führt zu einem wunderbaren Aussichtspunkt 💚 über dem Tal von **Taranta Peligna.** Nach einer Wanderung auf den zahlreichen markierten Wege rundet der Besuch des kleinen naturkundlichen Museums oder des Botanischen Gartens mit fast 200 Pflanzenarten des Apennin den Tag ab.

Apulien

Lebendige Hafenstädte und beschauliche Dörfer, barocke Palazzi und kleine gekalkte Häuser, spitze Trulli und geheimnisvolle Höhlenkirchen: Apulien, der Absatz des italienischen Stiefels, aus dem der Sporn von Gargano hervorragt, will in seiner ganzen Vielfalt entdeckt werden.

Hauptstadt der Region: Bari
Provinzen: Bari, Brindisi
Fläche: 19 347 km²
Einwohner: 4 Mio.

Bari 👁

267 km nordöstlich von Neapel.
Die Hauptstadt Apuliens, in der Antike Barium genannt, ist ein florierendes Industrie- und Technologiezentrum. Die Langobarden belagerten und die Araber besetzten es. Dann wurde es byzantinisch und schließlich von den Normannen annektiert. Nach der Zerstörung wurde es von Friedrich II. wieder aufgebaut, stand aber lange hinter den Nachbarstädten zurück. Erst im 19. Jh. gewann es wieder an Bedeutung. Heute findet hier die »Fiera del Levante« statt, die größte Handelsmesse für den Mittelmeerraum und den Nahen Osten.

▶ Die Altstadt

Die pittoreske Altstadt lädt mit ihren verwinkelten Gässchen und Torbögen zum Bummel ein. Durch dieses lebendige Gassengewirr zogen die Händler des Mittelmeerraums.

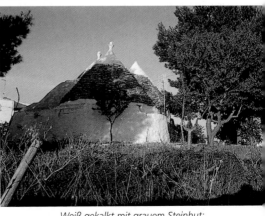

Weiß gekalkt mit grauem Steinhut: die Trulli

Vom Nikolaus zum Weihnachtsmann

Im 11. Jh. raubten 36 Seeleute aus Bari auf der Suche nach einem Schutzheiligen in Myra (Türkei) die Reliquien des hl. Nikolaus. An der Grenze gaben sie die Gebeine als Schlachtabfall vom Schwein aus, sodass die muslimischen Zöllner von einer Kontrolle absahen. Der Heilige wurde Schutzpatron der Schiffer, Kinder und Jungfrauen. Im Zuge der Reformation und der damit verbundenen Abkehr vom Heiligenkult wurde der hl. Nikolaus laisiert. Er tauschte seine Mitra gegen eine Mütze ein, behielt aber den roten Bischofsmantel – der Weihnachtsmann war geboren. In der anglo-germanischen Welt bringt er den Kindern zu Weihnachten Geschenke.

◆ Basilika San Nicola 👁
Di–So 7–12, 16.30–19 Uhr.
Die Basilika ist ein schönes Beispiel für die apulische Romanik. Im 11. Jh. wurde der Bau begonnen, um die Gebeine des hl. Nikolaus aufzunehmen. In der **romanischen Krypta** 💟 mit ihren schlanken Säulen und zierlichen Kapitellen werden die **Reliquien des hl. Nikolaus** aufbewahrt. Katholiken und orthodoxe Christen verehren den Heiligen gleichermaßen. Zu seinen Ehren findet jedes Jahr am 8. Mai eine Prozession statt.

◆ Kathedrale San Sabino
Die Kathedrale 👁 wurde im 11. und 12. Jh. im Stil der Bareser Ro-

manik erbaut. Ihre **Fassade** mit drei Portalen und einer herrlichen Fensterrose wird überragt von einem schlanken Turm. Die dreischiffige Kathedrale ist mit einem schönen mittelalterlichen **Steinfußboden** ausgestattet. Es sind noch Überreste der frühchristlichen Vorgängerbasilika zu sehen.

◆ Castello Svevo
Di–So 9–13, 16.30–19 Uhr. Eintritt.
Innerhalb der mächtigen Mauern 💟 der vierflügeligen, von den Normannen erbauten Anlage sind noch Spuren einer byzantinischen Festung erhalten. Unter Friedrich II. wurde das Kastell erweitert.

In der **Gipsoteca Provinciale** sind sehenswerte Gipsabdrücke barocker und romanischer Skulpturen aus Apulien ausgestellt.

◗ Neustadt

Breite, meist verstopfte Straßen, eine Strandpromenade (der Lungomare) und endlose Industriegebiete prägen die Neustadt. Beim **Corso Vittorio Emanuele II** beginnt das Schachbrettmuster der Neustadt, das König Murat im 19. Jh. anlegen ließ. Das **Teatro Petruzelli** 💟 gehört zu den größten Opernhäusern Italiens.

◆ Museo Archeologico
Piazza Umberto I. Mo–Sa 9–13 Uhr.

Ein Besuch lohnt sich vor allem wegen der **antiken Vasen.**

Foggia

130 km nordwestlich von Bari.
Foggia wurde zweimal zerstört – durch das Erdbeben 1731 und während des Zweiten Weltkriegs. Die Provinzhauptstadt ist heute ein lebhafter Verkehrsknotenpunkt, hat jedoch ihren ursprünglichen Charme verloren. Eine Ausnahme bilden die schönen romanischen Friese und Kapitelle in der **Kathedrale Santa Maria Icona Vetere.**

Lucera

18 km westlich von Foggia.
Friedrich II. siedelte einen Teil der Sarazenen aus Sizilien hierher um. Sehenswert sind der gotische **Dom** und eines der schönsten **Kastelle** Apuliens im Anjou-Stil.

Der Gargano

Mit schroffen Steilküsten erhebt sich das massive Kalkplateau hoch über dem Meer. Man erreicht die Halbinsel Gargano – den Stiefelsporn Italiens – in der Regel über **Manfredonia** (39 km nordöstlich von Foggia). Auf einer Rundfahrt durchquert man einige kleine, an Kiesel- und Sandbuchten gelegene Fischerdörfer und Ferienorte.

Vieste lockt mit seinen mittelalterlichen Gassen, davor findet sich ein außergewöhnlich geformter Kalkfelsen am Strand: der **Pizzomunno,** das Wahrzeichen des Ortes. Auf einem steilen Felsen liegt das Fischerdorf **Peschici** mit seinen makellos weißen Fassaden und einem Kastell. Im Landesinnern bietet das dichte, geschützte Waldgebiet **Foresta Umbra** kühle Frische.

Die beiden vogelreichen Lagunenseen **Varano** und **Lesina** umgibt friedliche Stille. Diese Landschaft bietet mehr Besinnlichkeit als der um das Grab des in ganz Süditalien verehrten Padre Pio (1887 bis 1968) entstandene Wallfahrtsort **San Giovanni Rotondo** im Landesinnern.

▶ *Monte Sant'Angelo*

Besondere Beachtung bei der Rundfahrt verdient Monte Sant'Angelo. Der Ort liegt malerisch auf einem Berg, bewacht von einem Kastell und dem **Grottenheiligtum des Erzengels Michael**, das mit einem prachtvollen Bronzetor verschlossen ist und als ältester Pilgerort des Abendlandes gilt.

Extra-Tipp!
In den kleinen Souvenirläden bei der Grotte sollten Sie sich die *ostie* – mit Karamell umhüllte Mandeln – nicht entgehen lassen.

Troia

22 km südwestlich von Foggia.
Hier ist eine **Kathedrale** in romanisch-pisanisch inspiriertem Stil mit einem herrlichen byzantinischen **Bronzeportal,** über dem sich eine imposante Fensterrose befindet, zu bewundern (11./12. Jh.).

Canosa di Puglia

52 km südöstlich von Foggia.
Hier fällt ein ungewöhnliches Monument mit arabisch anmutender Kuppel neben der Kathedrale **San Sabino** (11. Jh.) ins Auge: das **Grab-**

mal des Bohemund von Tarent.
Der Sohn von Robert Guiscard
herrschte einige Zeit über das Fürstentum Antiochien. In Canosa di
Puglia ist außerdem die Besichtigung der **Lagrasta-Gewölbe** zu
empfehlen. Es handelt sich um Felsgräber aus dem 4. Jh.

Barletta

62 km nordwestlich von Bari.
Die lebendige Hafenstadt, zugleich
Badeort und Landwirtschaftszentrum, hat auch kulturgeschichtlich
einiges zu bieten. Der impressionistische Maler **Giuseppe de Nittis**
wurde in Barletta geboren (Museum
im Kastell). Hier erlitt der französische König Ludwig XII. im Jahr
1503 eine vernichtende Niederlage
bei seinem Marsch auf Sizilien.

▶ *Kastell*

Das robuste Bauwerk am alten
Hafen ist nicht zu verfehlen. Unter
Friedrich II. wurde es erweitert und
unter Karl V. zu einer der mächtigsten Festungen des Königreichs
Neapel ausgebaut.

▶ *Kathedrale* ♥

Die Kathedrale **Santa Maria Maggiore** ist in romanischem und gotischem Stil erbaut. Sie besitzt einen
schlanken **Campanile,** ein **Portal**
mit anmutigen Skulpturen und ein
schönes **Ziborium** aus dem 13. Jh.

▶ *Colosso*

Mit erhobenem Kreuz hält der
nahezu 5 m hohe Koloss bei der
Kirche San Sepolco am Corso Giuseppe Garibaldi Wache. Die Bronzestatue aus der Spätantike stellt
wahrscheinlich Valentinianus oder
einen anderen oströmischen Kaiser
dar.

Castel del Monte 👁

50 km westlich von Bari.
Der imposante Festungsbau, ein
vermutlich von Friedrich II. entworfenes Meisterwerk, beherrscht die gesamte Anhöhe. Der Giebel wirkt, obwohl im 13. Jh. erbaut, wie der Renaissance entsprungen. Das ganze
Bauwerk ist eine Synthese von antiken, maurischen und gotischen Stilen, die der Staufer sehr schätzte. Um
einen achteckigen Innenhof erhebt
sich das Gebäude auf drei Etagen.
Die Achteckform wiederholt sich in
allen Elementen der Festung, z. B. in
den acht achteckigen Türmen.

Die Innengestaltung ist bis auf
einige Kapitelle einfach gehalten.
Die Ausstattung erinnert mal an die
einer Jagdhütte, mal an die einer
Sternwarte. Ironie der Geschichte: In
dem Kastell wurden später von
Karl I. die Enkel des berühmten Erbauers gefangen gehalten. Jean-
Jacques Annaud holte sich hier
Anregungen für die Kulissen seines
Films »Der Name der Rose«.

Trani

46 km nordwestlich von Bari.
Trani ist ein beliebter **Badeort,** in
dem moderne Häuser im Kontrast
zur mittelalterlichen Atmosphäre
der Altstadt stehen. Die »Königin
der apulischen Kathedralen«, **San
Nicola Pellegrino** (12./13. Jh.), ist
die große Rivalin von San Nicola in
Bari. Über der dreischiffigen **Hallenkrypta** ♥ spannt sich ein von
vielen Säulen gestütztes Gewölbe.

Ruvo di Puglia

35 km westlich von Bari.
Ein Besuch lohnt sich schon allein
der Kathedrale ♥ **Santa Maria**

Assunta (12./13. Jh.) wegen, die in ihrer Schlichtheit vollkommen wirkt. Fensterrose, Portal und Campanile sind wunderbare Beispiele für die apulische Romanik.

Das **Archäologische Museum** (Palazzo Jatta) besitzt eine großartige Sammlung attischer und apulischer **Vasen** (tgl. 8.30–13.30 Uhr, Fr/Sa auch 14.30–19.30 Uhr).

Molfetta

25 km westlich von Bari.
In Molfetta kann man das lebhafte Treiben eines der wichtigsten Fischereihäfen der Adria erleben. Besonders reizvoll ist ein Bummel durch die mittelalterlichen Gassen bis zum Dom **San Corrado** (Duomo Vecchio) mit seinen drei Kuppelpyramiden. Der Innenraum ist ebenso originell und vereint elegant romanische, byzantinische und arabische Elemente.

Bitonto

17 km westlich von Bari.
Bitonto liegt etwas von der Küste entfernt inmitten von Olivenhainen. Innerhalb der alten Stadtmauern befinden sich hübsche Altstadtgassen. Es empfiehlt sich, das Auto an der **Porta Baresana** stehen zu lassen und sich zu Fuß auf die Suche nach der **Kathedrale San Valentino** zu machen. Mit dem reichen Skulpturenschmuck an der Fassade und den Kapitellen erinnert sie an ihre Schwestern in Bari und Trani.

Castellana Grotte

40 km südlich von Bari.
Inmitten der Karstzone der Murge liegt Castellana Grotte mit einem beeindruckenden 🍇 System von **Tropfsteinhöhlen:** Unzählige unterirdische Flüsse haben sich im Lauf der Zeit in den Felsen gegraben und ihm so die merkwürdigen Formen verliehen, nach denen die einzelnen Höhlen benannt sind, z. B. Eulengrotte oder Schlangengang. Schon allein wegen der zauberhaften **Weißen Grotte** lohnt sich ein Besuch.

Alberobello und die Trulli-Zone

54 km südöstlich von Bari.
Wie kurze Bleistifte mit weißem Schaft und stolzer Spitze sehen die Trulli auf den ersten Blick aus, diese eigentümlichen zylindrischen Häuschen mit kegelförmigen Dächern, weiß gekalkt und bedeckt mit grauen Steinhüten. Sie tauchen hier und da im Valle d'Itria auf. Berühmt für seine Trulli ist das hübsche Alberobello, das heute allerdings wie ein Museumsdorf wirkt. Ferdinand I. soll die ganze Gegend für unbebaubar erklärt haben; mit den Trulli erfand daraufhin die Bevölkerung eine Art Fertigbauhäuser. Heute dienen die Behausungen als Souvenirläden; eine wurde zu einem reizvollen Luxushotel ausgebaut.

Fasano

15 km nordöstlich von Alberobello.
Fasano liegt noch in der Trulli-Gegend und ist bekannt für seine **Keramik,** die von geschickten Künstlern von Hand bemalt wird.

Ostuni

35 km nordwestlich von Brindisi.
Ostuni trägt den Beinamen Bianca, die Weiße. Die getünchten Häuser schmiegen sich malerisch an den Berg, den Ortskern bildet der Hauptplatz mit der Pestsäule. Um mehr zu sehen, muss man hoch hinauf. Durch die Pforte der Festungs-

mauer, die die Altstadt einschließt, betritt man das Gassengewirr einer arabisch geprägten mittelalterlichen Stadt. Den höchsten Punkt besetzt die **Kathedrale** wie ein ockerfarbenes Käppchen. Das barocke Bauwerk mit einem Dach aus glasierten Ziegeln ist berühmt für seine feingliedrige gotische Rosette. Von der die Altstadt umgebenden Panoramastraße hat man einen fantastischen Ausblick aufs Meer.

Brindisi

115 km südöstlich von Bari.
Die Römer hatten bereits Brindisis strategische Lage erkannt: Zwei Meeresarme – der Seno di Levante und der Seno di Ponente – verwandeln die Stadt in eine Halbinsel, offen zur Adria und zum Orient. Hier endete die Via Appia, die Rom mit seinen südlichen Provinzen verband. Auch während der Kreuzzüge war Brindisi ein bedeutender Ort. Später wurde die Stadt zu einem von dicken Mauern geschützten Militärposten. Durch bewegte Zeiten hindurch blieb

Brücke zwischen Orient und Okzident: Brindisi am Adriatischen Meer

Endpunkt der Via Appia

Vom Ufer führen ein paar unauffällige Treppenstufen zu den Überresten zweier Säulen mit schönen Marmorkapitellen: Hier endete die berühmte Via Appia. Symbolträchtig verstarb hier in Brindisi auch der größte lateinische Dichter, Vergil. Eine Gedenktafel erinnert an ihn.

Brindisi bis heute eine Griechenland zugewandte Industriestadt. Neben den lauten Umgehungsstraßen und blumengeschmückten Corsi existiert in der lebendigen Provinzhauptstadt auch ein verzweigtes Labyrinth aus Sträßchen, in denen die Wäsche im Wind flattert.

▶ Dom

Piazza del Duomo.
Friedrich II. schloss hier 1225 seine zweite Ehe. Aus jener Zeit ist jedoch nur noch ein herrlicher Mosaikfußboden erhalten: 1743 zerstörte ein Erdbeben das romanische Bauwerk.

▶ Archäologisches Museum

Piazza del Duomo, hinter zwei Arkaden. Mo–Sa 9.30–13.30 Uhr.
Hier sind Ausgrabungsfunde aus der Umgebung ausgestellt.

Lecce 👁

40 km südöstlich von Brindisi.
Die lebhafte Provinzhauptstadt ist bekannt für die bunten Märkte, die im Schatten der Stadtmauern abgehalten werden. Auf den Plätzen pul-

siert das Leben. Doch behält man vor allem den goldgelben Stein des festlichen Barockensembles in Erinnerung, das im Zuge einer wirtschaftlichen und kulturellen Blütezeit zwischen 1550 und 1750 entstanden ist. Man hat der Stadt, die auch »barockes Florenz« genannt wird, vorgeworfen, sich unvermittelt in den Barock gestürzt zu haben, ohne die Renaissance als Grundlage zu beherrschen – urteilen Sie selbst. Ein Meisterwerk hatte bereits das römische Lupiae zu bieten: Das **Amphitheater** gehört zu den schönsten, die je gebaut wurden.

Duomo Sant'Oronzo

Der Dom wurde im 12. Jh. gegründet und im 17. Jh. vollkommen neu errichtet. Seine beiden Fassaden erregen wenig Aufsehen, aber über dem **Seiteneingang** sticht die barocke Gestaltung mit Balustern, Pilastern und Heiligenfiguren hervor. Im Innern begeistern neben der hölzernen **Kassettendecke** die reich verzierten **Altäre.**

Basilika Santa Croce

Die Basilika gilt als schönstes apulisches Barockbauwerk. Gleichwohl basiert die Struktur ihrer Fassade auf Architekturtheorien aus der Renaissance. 💬 Bemerkenswert sind die **Balustren,** die von Tiergestalten und mürrischen Atlanten gestützt werden, und die **Rosetten.** Der Innenraum ist schlichter gestaltet,

---

Extra-Tipp!
Den besten Blick über die Stadt und das quirlige zentrale Hafenbecken hat man von der Spitze des Monuments ai Marinaio aus.

---

mit Ausnahme des filigran gearbeiteten **Hauptaltars.**

Amphitheater

Nur ein kleiner Teil der steinernen Zuschauerreihen des Teatro Romano ist erhalten. Die Ausgrabungsstätte liegt inmitten eines Wohngebiets. In den Gängen zur Arena sind auf **Flachreliefs** Gladiatoren zu sehen, die die wilden Tiere unerschrocken erwarten. Darüber erhebt sich stolz das so genannte **Sedile,** eine Loggia des alten Rathauses von 1592.

Santa Maria di Cerrate

13 km nördlich von Lecce. Museum: Di–So 9–13.30, 14.30–19.30 Uhr.
Das **Kloster** liegt wunderschön und einsam inmitten von Olivenbäumen. Die von Tankred von Lecce erbaute Basilika besticht durch ihr romanisches Portal. In den Nebengebäuden ist ein Museum zur Alltagskultur des Salento untergebracht.

Galatina

20 km südlich von Lecce.
In dieser reizenden mittelalterlichen Stadt sind einige **Paläste,** die **Kathedrale** aus dem 14. Jh. und die Kirche **Santi Pietro e Paolo** mit einer Barockfassade zu besichtigen.

Otranto

40 km südöstlich von Lecce.
Der Ort am östlichsten Punkt Italiens konnte sich unter den Langobarden und Normannen lange behaupten, unterlag aber 1480 gegen die Türken. Hiervon erholte er sich auch nach der Befestigung durch die Aragonier nicht; Entvölkerung und Hungersnöte folgten. Heute lebt Otranto dank des Tourismus wieder auf.

Die mittelalterliche Altstadt von Taranto lädt zum Bummeln ein

▶ Kathedrale

Die normannische Kathedrale ist eine der ältesten in der Region. Immer wieder wurde sie umgebaut, so besitzt sie eine gotische Rosette und ein barockes Portal. Innen beeindruckt der 💙 **Mosaikfußboden**.

Taranto (Tarent)

92 km südöstlich von Bari.
Neben Bari und Brindisi ist Taranto die dritte Industriestadt Apuliens. Sie ist seit dem Bronzezeitalter bewohnt und wurde von den Spartanern kolonisiert. Im Verlauf der Jahrhunderte entwickelte sie sich zu einem wichtigen Mittelmeerhafen. 1940 erlebte Taranto die Zerstörung seines Marinehafens durch einen britischen Luftangriff.

Die mittelalterliche Altstadt auf einer Insel ist mit der Neustadt des 19. Jhs. im Osten durch eine Drehbrücke (Ponte Girevole) verbunden. Im Norden liegt das Bahnhofsviertel.

▶ *Museo Nazionale* 💙

Villa Garibaldi. Mo–Sa 9–14 Uhr, So 9–13 Uhr.
Das Nationalmuseum besitzt eine der wichtigsten archäologischen Sammlungen Italiens. Hier sind neben dem berühmten **Goldschatz von Tarent** (Grabbeigaben der Tarentiner) u. a. ausdrucksvolle steinerne Grabreliefs und griechische Keramiken ausgestellt. Eines der bedeutendsten Exponate ist der 👁 **»Poseidon« von Ugento,** eine bronzene Zeusstatue.

Massafra

20 km nordwestlich von Taranto.
In der die Stadt teilenden Felsenschlucht Gravina San Marco erstreckt sich das größte Ensemble von 👁 **Grottenkirchen** Westeuropas: In über 20 Kirchen sind Fresken aus dem 10.–16. Jh. erhalten. Die interessanteste ist die Kirche **Santa Marina,** die einer griechischen Basilika nachempfunden wurde. In einer weiteren Schlucht findet sich die Felsenkirche **Nostra Signora della Scala.** Massafra ist zudem ein beliebter **Badeort.**

Martina Franca

30 km nördlich von Taranto.
Auf der Flucht vor den Sarazenen retteten sich ein paar Tarentiner auf den Monte San Martino und gründeten eine Siedlung. Sie wurde von Philipp I. von Anjou mit besonderen Freiheiten ausgestattet – daher der Name Franca. Heute besteht das Dorf aus einem Straßenlabyrinth mit zahllosen Barockbauten, darunter der mit Rokokofresken verzierte **Palazzo Ducale** und die Kirche **San Martino.**

Die Basilikata

Stille Dörfer, die Sassi, Zitruspflanzen und Olivenbäume, kahle Hügel und ausgedörrte Ebenen prägen

diese arme, von der Landwirtschaft lebende Region. Doch das antike Lukania war ein Schmuckstück der Magna Graecia, auf deren Überreste man vor allem in Metaponto trifft. Das Mittelalter und der Barock haben in den Orten deutliche Spuren hinterlassen. Besonders an den Kirchen kann man die wechselnden Geschmäcker ablesen.

Hauptstadt der Region: Potenza
Provinzen: Matera, Potenza
Fläche: 10 000 km²

Potenza

156 km südöstlich von Neapel.
Die Stadt war im Lauf der Geschichte nicht gerade vom Glück verfolgt. Sie wurde von den Römern gegründet und von den Goten zerstört. Durch mehrere Erdbeben – das letzte 1980 – und Bombardierungen während des Zweiten Weltkriegs wurde ihre alte Bausubstanz zerstört. Nur mühsam erholte sich Potenza von seinen zahlreichen Schicksalsschlägen.

Die Stadt liegt hoch auf einem Bergkamm und ist heute ein wenig reizvolles Landwirtschaftszentrum. In den Resten der **Altstadt** sind dennoch die Kirchen **San Francesco** und **Santa Maria del Sepolcro** aus dem 13. Jh. sehenswert.

▶ *Museo Archeologico*

Viale Lazio.
Hier sind Fundstücke aus prähistorischen, römischen und vor allem griechischen Epochen zu sehen, darunter ein korinthischer Helm aus dem 6. Jh. v. Chr.

Vaglio Basilio

24 km nordöstlich von Potenza.
2,5 km vom Dorf entfernt liegt eine bedeutende archäologische Ausgrabungsstätte, die **Serra di Vaglio.** Die Ausgrabungen brachten Überreste einer Siedlung, die vom 10. bis zum 5. Jh. v. Chr. bewohnt wurde,

Zitrusfrüchte bilden einen fröhlichen Akzent in der rauen Landschaft

Extra-Tipp!

Die Jugendlichen von Matera bieten Führungen – meist gespickt mit Anekdoten – durch die Sassi an. Sie finden sie aber auch leicht selbst, wenn Sie den Beschilderungen ab der Piazza Pascoli folgen.

Stadtmitte hinunter in die düstere Schlucht der Gravina. Touristen kommen hierher, um die faszinierenden Behausungen zu erkunden.

▶ Die Sassi

Schon seit dem Neolithikum sind diese in den weichen Tuffstein gebauten Behausungen bewohnt – damit ist Matera eine der ältesten Städte der Welt. Ab dem 8. Jh. siedelten dort byzantinische Mönche, die die Einsamkeit schätzten. In Krisenzeiten boten die verborgenen Wohnstätten besonderen Schutz, da man sie einfach verteidigen konnte. Steile, schmale Treppen und Gassen führen von den Sassi in die oberen Stadtviertel.

In den 50er Jahren des 20. Jhs. machte die Stadt negative Schlagzeilen, man erklärte die Sassi zur »nationalen Schande«: Fast 15 000 Menschen lebten damals noch zusammen mit ihren Tieren in diesen ungesunden feuchten Höhlen. Die Bewohner wurden nach und nach in Neubauwohnungen umgesiedelt.

Heute werden die von der UNESCO zum Weltkulturerbe erklärten Höhlen restauriert. So kann man nun einen riesigen Komplex von in den Tuffstein gehauenen Galerien und Kellern durchwandern.

ans Tageslicht. Ein Haus hat man rekonstruiert; am beeindruckendsten aber ist die 7 km lange **Ringmauer.**

Matera 👁

103 km nordöstlich von Potenza.
Matera ist die Stadt der **Sassi,** jener Tuffgrotten, in denen bis in die 60er Jahre des 20. Jhs. hinein fast die Hälfte der Bevölkerung lebte. Nun wohnen die meisten Menschen zwar in modernen, allerdings etwas steril wirkenden Häusern am Stadtrand, doch die Sassi existieren immer noch. Sie ziehen sich von der

Extra-Tipp!

Etwa 40 km von Potenza entfernt liegt im Nordosten das Bergstädtchen Acerenza. Es bietet eine wunderschöne Aussicht und besitzt eine selten erwähnte, aber sehenswerte normannische Kathedrale.

▶ Obere Altstadt

Der **Dom** (über die Via Duomo) aus dem Jahr 1270 hat eine schöne romanische Fassade, die Innenausstattung ist eher barock. Im **Museo Nazionale Domenico Ridola** (Via Ridola 24; tgl. 9–19 Uhr) sind archäologische Funde aus der Region ausgestellt. Im **Palazzo Duni** ist eine Pinakothek untergebracht.

Melfi

50 km nördlich von Potenza.
Das am Vulkanhügel **Monte Vulture** gelegene Städtchen hatte wie Potenza unter Erdbeben zu leiden. Seine mittelalterlichen **Stadtmauern** und ein normannisches **Kastell** ● sind jedoch noch erhalten. Letzteres wurde erst von Karl I. von Anjou, dann von Karl V. und schließlich von den lokalen Kulturbehörden umgebaut. Hier ist auch das sehenswerte **Museo Archeologico Nazionale** (tgl. 9–19 Uhr) untergebracht.

▶ Dom

Der normannische Dom wurde nach den Erdbeben mehrfach wieder aufgebaut; vom ursprünglichen Bau ist nur noch der sehr schöne **Campanile** erhalten. Er trägt das Emblem der Normannen: zwei Greife.

Extra-Tipp!

Cineasten sollten das Castello di Lagopesole besuchen. Hier drehte Pasolini Teile seines umstrittenen Films »Das erste Evangelium Matthäus«, für den er sich übrigens auch der morbiden Kulisse der Sassi von Matera bediente.

Venosa ●

20 km östlich von Melfi.
Beim Bummel über die lange **Via Vittorio Emanuele** würde niemand vermuten, mit welch berühmten Namen Venosa verbunden ist: Der lateinische Dichter **Horaz** wurde hier geboren, der Normanne **Robert Guiscard** liegt hier begraben.

Die Römer nannten die alte Stadt der Lukaner Venusia, befestigten sie und schlossen sie an die Via Appia an. Venosa wurde von den Sarazenen verwüstet und von den Normannen eingenommen. Wie viele andere Städte in der Gegend fiel sie schließlich in die Hände der Aragonier.

▶ Museo Archeologico

Tgl. 9–19 Uhr.
Das Museum ist in einem imposanten aragonischen **Kastell** (15. Jh.) mit vier mächtigen Ecktürmen untergebracht.

Auf der **Piazza Orazio Flacco** steht ein Denkmal des Dichters Horaz, Autor des berühmten Ausspruchs »Carpe Diem« – »Nutze den Tag«.

▶ Abbazia della Trinità

Die Besichtigung dieser ● Abteiruinen sollte man nicht versäumen. Die Kirche wurde Mitte des 11. Jhs. von Robert Guiscards Bruder auf den Ruinen einer frühchristlichen Basilika erbaut. Guiscard selbst liegt in der **Chiesa Vecchia** neben seiner Ehefrau Alberada begraben. Der Normanne war zwar bei der Eroberung des byzantinischen Reichs gescheitert, verdiente aber wohl dennoch seine Grabinschrift: »Hier ruht Robert Guiscard, Schrecken der Welt«.

Die Benediktiner wollten die Abtei etwa 100 Jahre später vergrößern, aber das Bauwerk wurde nie fertig gestellt. Zahlreiche Überreste aus verschiedenen Bauphasen sind bis heute zu sehen, z. B. ein **Mosaikfußboden** ♥ aus dem 5. Jh. in der Chiesa Vecchia, die drei schönen Absiden der Chiesa Nuova und Reste von einem Amphitheater und Thermen aus der Antike.

Metaponto

102 km östlich von Potenza, 67 km südöstlich von Matera.
Die griechische Kolonie Metaponton wurde im 7. Jh. v. Chr. zwischen den Flüssen Basento und Bradano gegründet. Schnell entwickelte sich daraus ein mächtiger Stadtstaat. Hier wurden die Handelswaren nach Paestum verschifft. **Pythagoras** ließ sich nach seiner Flucht aus Samos und Kroton hier nieder, um weiter zu lehren. Die Stadt verbündete sich später mit den Athenern, um Syrakus zu bekämpfen. An der Seite Roms kämpfte sie gegen Pyrrhus. Die von Spartakus angeführten Sklaven plünderten Metaponto und die

Die Tavole Palatine – von dem Heratempel in Metaponto sind 15 dorische Säulen erhalten

Stadt versank im Römischen Reich in Vergessenheit. Die einst reiche Agrarregion, deren Münzen eine Ähre zierte, wurde durch die Kriege zwischen Rom und Karthago stark in Mitleidenschaft gezogen, die Malaria ruinierte sie dann endgültig.

Einige Kilometer vom modernen Ort entfernt, aber auch im Ort selbst sind zahlreiche archäologische Ausgrabungsstätten zu besichtigen.

◗ *Ausgrabungen*

Auf einem grünen Hügel erheben sich majestätisch die ♥ **Tavole Palatine,** die »Kaiserlichen Tische«. Es handelt sich um 15 dorische Säulen eines mutmaßlichen **Heratempels** (ca. 500 v. Chr.), die von ursprünglich 36 noch erhalten sind.

Etwa 3 km weiter nördlich wurden im **Tempel des Apollo Lykios** (700 v. Chr.) Heiligenfiguren gefunden.

Im **Archäologischen Museum** des Orts werden Grabungsfunde aus den Heiligtümern und Grabstätten der Stadt ausgestellt (Via Laveran; Di–So 9–19 Uhr).

Policoro

20 km südlich von Metaponto.
Dieses Städtchen aus dem Jahr 1959 ist ein typisches Beispiel für die Orte, die von den Agrarreformen in der Region profitierten: Durch zahlreiche Lebensmittel- und Dienstleistungsunternehmen wurde Policoro relativ wohlhabend und verfügt über eine gute Verkehrsanbindung.

Maratea

155 km südlich von Potenza.
Maratea liegt am Golf von Policastro am Fuß des Monte San Biagio und lädt zu einer Wanderung an der tyrrhenischen Küste ein.

Kalabrien

Zwischen Ionischem und Tyrrhenischem Meer, über die Massive von Pollino, Sila und Aspromonte und über weitläufiges Tiefland erstreckt sich Kalabrien – eine herbe und wilde Gegend. Weitab vom Massentourismus haben sich die Menschen die Traditionen und den Stolz eines Bergvolks bewahrt.

Hauptstadt der Region: Catanzaro
Provinzen: Catanzaro, Cosenza, Crotone, Reggio Calabria, Vibo Valentia
Fläche: 15 080 km²

Die Provinz Cosenza

❱ *Cosenza*

315 km südöstlich von Neapel,
226 km südwestlich von Taranto,
95 km nordwestlich von Catanzaro.
Während in den modernen Stadtteilen schicke Einkaufsstraßen locken, hat die **Altstadt** Kunstschätze aus dem Barock zu bieten. Sie liegt oben auf dem Hügel und war im Mittelalter ein angesehenes kulturelles und religiöses Zentrum. Steile Sträßchen schlängeln sich den Hügel hinunter, auf dem **Corso Mazzini** und dem **Corso Telesio** herrscht lebhaftes Treiben. Die Besichtigung dauert nicht lange, ist aber lohnend: Angevinische Palazzi, kunstvoll gearbeitete Balkone und aragonische Fassaden sind zu bewundern.

◆ *Dom*

Von der Piazza del Duomo aus ist deutlich zu erkennen, dass der Dom seit seiner Errichtung im 12. Jh. einige Male umgebaut wurde. Ursprünglich war er im romanischen Stil gehalten, später kamen gotische Elemente hinzu, im 18. Jh. dann ein Hauch von Barock. Schließlich wurde er mit einer Fassade des 19. Jhs. geschmückt. Innen ist das Ende des 13. Jhs. von einem französischen Künstler gestaltete gotische **Grabmal ♡ der Isabella von Aragon,** Ehefrau des französischen Königs Philipp III., zu sehen. Sie starb in Cosenza, weil sie bei der Überführung des Leichnams ihres Schwiegervaters, Ludwigs IX., von Tunis, vom Pferd stürzte und sich davon nicht erholte.

◆ *Erzbischöflicher Palast*

Tgl. 9–13 Uhr.
Das historische Gebäude direkt hinter dem Dom ist heute ein **Museum** und beherbergt den Domschatz. Unter den zahlreichen Exponaten befindet sich ein sehr schönes, mit

*Die kalabrische Landschaft
ist besonders herb und wild*

◆ *Kastell*

Tgl. 9–13 Uhr. Eintritt.
Die Normannen hatten die ursprüngliche Festung anstelle des römischen Forts auf dem Colle Pancrazio errichtet. Friedrich II. ließ das Kastell ausbauen. In der Folge wurde es von den Anjou verändert. Hier oben bietet sich ein atemberaubendes Panorama.

Edelsteinen besetztes 💚 **Email-kreuz** aus dem 12. Jh.

Der Corso Telesio führt zur Piazza XV Marzo, an der neben der Präfektur aus dem 18. Jh. das **Teatro Rendani** und der **Palazzo de l'Accademia Cosentina** stehen. Im Palast befindet sich ebenfalls ein Museum (tgl. 9–13 Uhr). Dieses Stadtmuseum zeigt Kunstschätze aller Epochen und Grabungsfunde.

Magna Graecia

Schon um 2000 v. Chr. hatten die Griechen begonnen, an den Küsten Italiens Handel zu treiben. Um den von Norden vordringenden Etruskern zuvorzukommen, kolonisierten die Griechen Unteritalien, bauten es zu Großgriechenland – der Magna Graecia – aus. Sibari, Reggio di Calabria, Crotone, Taranto und Locri gehen auf griechische Gründungen aus dem 8./7. Jh. v. Chr. zurück. Die blühenden Städte bekriegten sich untereinander, aber auch mit den einheimischen Völkern und den Karthagern. Das Ende der Magna Graecia nahte, als die Römer sich gegen ihre zeitweiligen Verbündeten wandten.

▶ *Sila-Massiv* 👁

Erstreckt sich östlich von Cosenza.
Man nennt diese Gegend auch die »kleine Schweiz von Kalabrien« – und die Kiefern- und Buchenwälder halten dem Vergleich tatsächlich stand. Das Massiv unterteilt sich in die Sila Greca im Norden, die Sila Grande in der Mitte und die Sila Piccola im Süden. Der hier eingerichtete Nationalpark ist ein wahres Paradies für Wanderer.

Das Massiv beginnt erst bei dem Wintersportort **Camigliatello Silano** (30 km östlich von Cosenza), der am Ufer des **Lago di Cecita** am Eingang des Nationalparks liegt. Hier erwarten den Wanderer zahlreiche markierte Wege unterschiedlicher Schwierigkeitsgrade.

◆ *Mit dem Auto*

Wer es eilig hat, durchquert das Massiv mit dem Auto auf der SS 107. Dabei sollte man das 66 km von Cosenza entfernte **San Giovanni in Fiore** ansteuern. Das **Panorama** 💚 während der Fahrt ist großartig, und man kann im Ort die **Abtei Badia Florense** besuchen, die von dem visionären Theologen Gioacchino da Fiore 1192 gegründet wurde. Die Kirche wurde im 17. Jh. umgebaut, besitzt aber noch ein schönes gotisches Portal und eine mittelalterliche Krypta.

Die ionische Küste

▶ Sybaris (Sibari)

77 km nordöstlich von Cosenza.
Auf der einen Seite glitzert das Ionische Meer, auf der anderen erstreckt sich die weite Crati-Ebene. Dazwischen liegt Sybaris, seit dem 7. Jh. v. Chr. eine reiche Stadt – eine der wichtigsten Städte der Magna Graecia –, bis der von der Unbekümmertheit ihrer Bewohner verärgerte Pythagoras sie 510 v. Chr. dem Erdboden gleichmachen ließ. So gründlich wüteten die Krotonier, dass die Archäologen lange brauchten, um den antiken Ort zu finden.

Heute ist Sibari ein Dorf, und die Ausgrabungen liegen landeinwärts verstreut an der N 106: Ruinen von Häusern, Thermen und Säulenhallen. Auch Trümmer der Nachfolgestadt **Thuri** (444–443 v. Chr.), die zum römischen **Copia** wurde, kamen ans Tageslicht. Die Ausgrabungen dauern bis heute an.

▶ Rossano

99 km nordöstlich von Cosenza, 29 km südlich von Sybaris.
Vor allem die byzantinische Kirche **San Marco** verdient Aufmerksamkeit. Sie ist in ihrer ebenmäßigen Schönheit mit der Kirche von Stilo vergleichbar. Das **Museo Diocesano** (im Erzbischöflichen Palast) besitzt eine wertvolle Handschrift: den **Codex Purpureus** 💚 aus dem 6. Jh. Auf 188 Seiten (ursprünglich 400) sind zwei Evangelien aufgezeichnet und mit Miniaturen verziert.

▶ Crotone

75 km nordöstlich von Catanzaro.
Was heute ein eher trister Industriestandort ist, war 700 v. Chr. eine blühende Stadt, die die Achäer der Legende nach auf Veranlassung des Orakels von Delphi gegründet hatten. Sie war die ewige Rivalin von Sybaris. Hier herrschten die Moral und Disziplin Pythagoras' und seiner Schüler. Die Stadt war berühmt für ihre Athleten, darunter Milon von Kroton. Doch von der ruhmreichen Vergangenheit ist wenig geblieben. Die griechische Akropolis wurde von der mittelalterlichen Stadt verdrängt. Die Münzsammlung im **Archäologischen Museum** (ausgeschildert ab der Kathedrale; Di–So vormittags) und vor allem die Ruinen des **Heratempels** 👁 am Capo Colonna (11 km südöstlich der Stadt) zeugen jedoch von der Antike.

▶ Locri

98 km nordöstlich von Reggio di Calabria.
Locri war eine der bedeutendsten Städte der Magna Graecia. Sehenswert sind in der **archäologischen Zone** von Locri die gewaltige Stadtmauer, der Athenetempel und die Heiligtümer des Pan und der Persephone. Ein griechisch-römisches Theater ist meisterhaft in die Landschaft eingefügt, die mysteriösen Höhlen des Cento Camere waren einst die Boutiquen der Stadt. Als Locri im 9. Jh. durch die Malaria entvölkert wurde, gründeten die verbliebenen Bewohner Gerace.

▶ Gerace 👁

12 km oberhalb von Locri.
Gerace liegt auf einem Hochplateau aus Tuffstein und ist mit seinen en-

---

Extra-Tipp!

Gerace ist berühmt für seinen *Vino Greco* (»Griechischer Wein«), einen likörartigen Weißwein aus Bianco, den man hier kaufen kann.

Gerace ist eine der malerischsten Städte Kalabriens

gen Gässchen, barocken Portalen, normannischen Türmen und byzantinischen Kapellen eine der reizvollsten Städte Kalabriens. Die **Kathedrale Santa Maria Assunta** ist ein grandioses und düsteres Gebäude aus dem 11. Jh. Ihre Säulen wurden z. T. aus Locri hergeschafft.

Unbedingt zu empfehlen ist die Besichtigung der Kirche **San Francesco** ♥ mit einem arabisch-normannischen Portal und dem Mausoleum der Ruffi aus dem 14. Jh. Den Hauptaltar schmücken Ansichten von Gerace aus dem 16. Jh., die aus verschiedenfarbigen Marmorstücken zusammengesetzt sind.

Die Provinz Catanzaro

▶ *Catanzaro*

95 km südöstlich von Cosenza.
Von weitem wirkt die auf einem Felsplateau gelegene Regions- und Provinzhauptstadt nicht besonders ansprechend. Ihre Geschichte begann allerdings viel versprechend.

Sie wurde im 9. Jh. von den Byzantinern erbaut und war zwei Jahrhunderte später Samt- und Seidenstadt. Doch die Erdbeben von 1638 und 1783 und eine Pestepidemie 1688 richteten sie zugrunde.

Deshalb ist Catanzaro heute ein Verwaltungszentrum ohne nennenswertes architektonisches Vermächtnis. Die einzige erhaltene mittelalterliche Kirche ist **San Omobono.**

Die Straßen und Gassen sind meist eng und düster und enden in windgepeitschten Terrassen am Rande des Plateaus. Von der Festung, die Robert Guiscard errichten ließ, ist nichts mehr übrig.

Doch die **Aussichtspunkte** sollte man aufsuchen. Von der inmitten hübscher Gärten gelegenen Villa Trieste aus hat man z. B. einen schönen Blick auf das Tal des Musofalo.

▶ *Tiriolo* ♥

18 km nordwestlich von Catanzaro.
Dem malerischen Dorf wird eine mythologische Bedeutung nachgesagt. Es heißt, hier habe der königliche Palast des Alkinoos, Vater der Nausikaa und König der Phäaken, gestanden, der den schiffbrüchigen Odysseus aufnahm. In Wirklichkeit aber stand der Palast auf Korfu.

Der Umweg hierher lohnt sich insbesondere wegen des einzigartigen **Panoramas:** Von hier aus sieht man bei sehr gutem Wetter mit einem Blick das Ionische und das Tyrrhenische Meer, den Ätna, Stromboli und die Äolischen Inseln.

Extra-Tipp!
An den Verkaufsständen am Parkplatz können Sie *vancali* kaufen – die gestreiften Schals gehören zu der für diese Gegend typischen Frauentracht.

Roccelletta

5 km südlich von Catanzaro.

Inmitten von Olivenbäumen erhebt sich die Ruine der Basilika **Santa Maria della Roccella** des Bischofs von Squillace. Wahrscheinlich wurde sie im 11. Jh. erbaut, normannische Architektur mischt sich mit byzantinischen Einflüssen. Das Bauwerk muss eine stolze Erscheinung gewesen sein, als es noch sein rotes Ziegeldach trug. Es war eine der größten Kirchen der Gegend, von der drei große halbrunde Absiden und ein Schiff übrig geblieben sind.

Extra-Tipp!
Ein schöner Ausflug führt von Catanzaro Marina aus am Golf von Squillace entlang bis nach Monasterace Marina (ca. 50 km).

Stilo

14,5 km über die S 110 von Monasterace Marina.

In Stilo führt ein steiniger Pfad durch wilde Gräser und dürre Bäume hinauf bis zum eigentümlichen roten Backsteinbau der **Cattolica,** einer der schönsten byzantinischen Kirchen Süditaliens (10./11. Jh.). Dieses außergewöhnlich anmutige Bauwerk besitzt einen quadratischen Grundriss, fünf Kuppeln, Arkadenfenster und im Innern vier antike Säulen.

Weitere Sehenswürdigkeiten in Stilo sind der mehrfach umgebaute **Dom** mit einem hübschen Spitzbogenportal (14. Jh.) und die für Kalabrien typische Kirche **San Francesco** aus dem 18. Jh.

Serra San Bruno

59 km südwestlich von Catanzaro, 36 km nordwestlich von Stilo.

Extra-Tipp!
In der Umgebung von Stilo gibt es zahlreiche Höhlen. Einige dienten früher als Kirchen und weisen noch Fragmente byzantinischer Fresken auf. Machen Sie sich auf die Suche – es lohnt sich!

Der hl. Bruno fand für seinen Kartäuserorden einen versteckten Ort mitten im kalabrischen Wald. Nachdem der Normannenkönig Roger ihm das Land geschenkt hatte, ließ Bruno 1091 ein Kloster bauen. Nach einem Erdbeben 1783 wurde die **Certosa di San Bruno** innerhalb der Umfassungsmauern im neogotischen Stil umgebaut. Sehenswert ist die Silberbüste des Heiligen (1520).

Aber auch im **Ortszentrum** sind einige Schätze aus der Einsiedelei zu besichtigen, z. B. das imposante Ziborium in der Chiesa dell'Addolorata und einige Statuen in der Chiesa Matrice.

Fünf Kuppeln schmücken die Cattolica, eine der schönsten byzantinischen Kirchen Süditaliens

Kalabrien

einen wunderschönen  **Kreuzgang** mit Spitzbögen.

▶ *Pizzo* 💚

15 km nördlich von Vibo Valentia.
Pizzo im Golf von Santa Eufemia ist wohl eines der hübschesten mittelalterlichen Dörfer in Kalabrien. Auf der Felsenspitze liegt die historische Altstadt. In dem stolzen **Aragonierkastell** wurde König Murat von Neapel, der Schwager Napoleons, am 13. Oktober 1815 auf Befehl Ferdinands I. erschossen. Am Eingang der Festung bedauert eine Gedenktafel diese Tat, die »einer Regierung der Verrückten zu verdanken« sei.

Der **Badeort** bietet sich mit seinen Restaurants und der blendend weißen Barockkirche für einen erholsamen Zwischenstopp und den Genuss eines Eisbechers an.

▶ *Vibo Valentia*

70 km südwestlich von Catanzaro.
Vibo Valentia ist Handels- und Industriezentrum und dank **Vibo Marina** am Meer sogar Badeort. Vor allem die fruchtbaren Böden zogen zunächst Sikuler, dann Griechen aus Locri an, die den Ort Hipponion gründeten und mit einer Stadtmauer befestigten. Die Römer gaben ihr den heutigen Namen. Aus dieser Zeit sind noch **Thermenreste** mitten im Stadtzentrum erhalten.

Die Stadt besitzt neben einem normannischen **Kastell** viele sehenswerte Kirchen, z. B. den **Dom San Leoluca** und die **Collegiata Santa Maria Maggiore** mit berühmten Statuen von Antonello Gagini, beide im Barockstil erbaut. Um einen Eindruck von der antiken Stadt zu bekommen, sollte man das **Archäologische Museum** im Palazzo Gagliardi besuchen (Di–Sa 9 bis 13 Uhr).

In Pizzo wurde der ehemalige König von Neapel, Murat, erschossen

Die tyrrhenische Küste

▶ *Paola*

35 km nordwestlich von Cosenza.
Der Ort liegt auf einer schmalen Bergterrasse. Bekannt wurde er als Geburtsort des **hl. Franziskus von Paola.**

◆ *Santuario di San Francesco*
Mo–Fr 6–12, 14–20, im Winter bis 18 Uhr, Sa/So und feiertags geschl.
Das vom hl. Franziskus von Paola gegründete Kloster liegt 2 km nördlich. Die Gebäudegruppe umfasst eine renovierte Kirche aus dem 15. Jh., die Kapelle des Heiligen und

Der hl. Franziskus von Paola (1416–1507)

Francesco d'Alessio wird 1416 in Paola bei Cosenza geboren. Mit 13 Jahren überrascht ihn auf einer Pilgerreise nach Rom der Luxus, dessen sich die kirchlichen Würdenträger erfreuen. Er beschließt daraufhin, in der Nähe seiner Heimatstadt als Eremit zu leben. Mit 20 Jahren ist er durch zahlreiche Wunder berühmt geworden und gründet einen Konvent. Sein Orden breitet sich in ganz Süditalien bis Sizilien aus und wird von Sixtus IX. anerkannt. Der sterbende Ludwig XI. lässt Francesco durch den Papst nach Frankreich bestellen, wo er bis zu seinem Tod bleibt. Er predigt und gründet dort mehrere Klöster. Zuerst nennt sich der Bettelorden »Gesellschaft armer Eremiten«, später werden die Brüder Minimen genannt. Sie leben nach den Grundsätzen der Franziskaner, die Regeln zum Fasten und zur Armut sind jedoch strenger. Am 2. April 1507 stirbt Francesco und wird bereits 1519 heilig gesprochen.

▶ Scilla 👁

74 km nordwestlich von Reggio di Calabria.

Scilla ist die mythologisch bedeutsamste Stadt in Kalabrien. Skylla heißt das Ungeheuer mit sechs Hundeköpfen, das zusammen mit Charybdis die Meerenge von Messina bewachte. Als Odysseus dort vorbeikam, verschlang Skylla sechs seiner Reisegefährten. Später stürzte sie sich auf den Trojaner Äneas. Auf der anderen Seite trank das Ungeheuer Charybdis jeden Tag das Wasser aus der Meerenge, um es wieder auszuspeien – so die Erklärung für die Strudel, die sich oft in dieser engen Durchfahrt bilden. Skylla und Charybdis stellten für die griechischen Seefahrer die schlimmsten Gefahren dar, denen sie begegnen konnten.

Eine andere Legende berichtet, dass sich Skylla, Tochter des Königs Nisos, in dessen Feind Minos verliebte und den Vater verriet, indem sie das Geheimnis seiner Unverwundbarkeit preisgab. Wider Erwarten war Minos von dieser Tat entsetzt und ließ sie ertränken. Die Götter verwandelten sie in einen Meeresvogel, den Sie vielleicht über dem berühmten Felsen kreisen sehen werden. Im Sommer verwandelt sich das Fischerdorf ganz prosaisch in einen **Badeort.**

▶ Tropea

35 km westlich von Vibo Valentia.

Tropea liegt am Rand einer Steilküste und ist der ganze Stolz der Kalabresen. Hierher kommen im Sommer die Familien, um **Strand** und Ausblick zu genießen. Von der **Piazza del Cannone** ist die ganze Küstenlinie zu überblicken.

Die Felsen von Scilla wurden schon von Homer besungen. Der Fischerort lockt im Sommer viele Badefreudige an

Die Provinz
Reggio di Calabria

▶ Der Aspromonte 👁

8 km östlich von Reggio di Calabria.
Hier zeigt Kalabrien wahrscheinlich sein freundlichstes Gesicht. Im äußersten Süden des Apennin neigt das **Aspromonte-Massiv** seine Berge und Hügel sanft der Küste zu. Kiefern- und Kastanienwälder, bunte Felsen, ausgetrocknete Gebirgsbäche – die Landschaft bietet viel Abwechslung. Über kehrenreiche Bergstraßen erreicht man den frei zugänglichen **Nationalpark.**

▶ Villa San Giovanni

12 km nördlich von Reggio di Calabria.
Von hier fahren mehrmals stündlich Fähren nach Sizilien ab. Der Badeort Villa San Giovanni wurde Anfang des 20. Jhs. durch ein Erdbeben zerstört. Als einzige Sehenswürdigkeiten sind ein Palazzo aus dem 16. Jh. und die Mauerreste einer Festung aus dem 19. Jh. erhalten.

▶ Reggio di Calabria 👁

62 km südwestlich von Catanzaro, 500 km von Neapel. Flughafen.
Reggio di Calabria liegt an der äußersten Stiefelspitze, ist die bevölkerungsreichste Stadt Kalabriens und streckt seinen großen Zeh nach der sizilianischen Stadt Messina aus. Beide Städte hatten gleichermaßen unter Erdbeben zu leiden und wurden zwar recht hässlich, aber immerhin solide wieder aufgebaut. Beide leben von ihren Häfen und spiegeln sich im mal türkisen, mal saphirblauen Wasser.

◆ Nationalmuseum
Di–So 9–18.30 Uhr.
Das Nationalmuseum von Reggio ist ein typischer Mussolinibau und lockt mit seinen berühmten **Riace-Bronzen** ♥ viele Touristen an. Die archäologische Abteilung des Museums besitzt außergewöhnliche Fundstücke aus den Kolonien der Magna Graecia: Objekte aus den Grabmälern Locris und dem Zeustempel in Marafioti, die Dioskurenskulpturen aus dem Marasatempel, Votivtafeln aus dem Heiligtum der Persephone und natürlich die erwähnten Bronzestatuen von Riace: Die beiden überlebensgroßen und realitätsnahen Kriegerfiguren aus dem 5. Jh. v. Chr. zierten wohl einst ein Heiligtum. 1972 wurden sie an der ionischen Küste gefunden, in Florenz restauriert und dann in Rom ausgestellt, bevor sie an ihren endgültigen Aufbewahrungsort Reggio gebracht wurden.

◆ Stadtspaziergang
Nach dem Museumsbesuch empfiehlt sich ein Spaziergang über den 👁 **Lungomare Matteotti** zu den Überresten der griechischen Stadtmauern und den Mosaikfußböden der römischen Thermen. An der Piazza Castello steht ein normannisches **Kastell,** das im 15. Jh. von den Aragoniern erneuert wurde. Nicht weit davon erhebt sich wie eine mehrstöckige Torte die **Kathedrale** mit der barocken Cappella del Santi Sacramento.

Sardinien

Die Mittelmeerinsel Sardinien liegt auf halbem Weg zwischen Italien und Tunesien. Schwarze, wellenumspülte Felsen, lange Sandstrände, karge stille Ebenen, einsame Bergdörfer und faszinierende antike Ruinenlandschaften – Sardinien, nach Sizilien die zweitgrößte italienische Insel, hat für jeden etwas zu bieten.

Hauptstadt der Region: Cagliari
Provinzen: Cagliari, Nuoro, Oristano und Sassari
Fläche: 24 100 km²

Nordsardinien

▶ Die Küste

◆ Porto Torres
263 km nördlich von Cagliari.
Mit Kork beladene Lastwagen und farbenfrohe, meist an Feriengäste vermietete Häuser prägen das Bild des Ortes. Porto Torres, einst eine römische Kolonie, war schon immer ein bedeutender Hafen. Heute steht dieser im Zeichen der Erdölindustrie.

Die markanteste Sehenswürdigkeit der lebhaften Stadt ist die **Basilika San Gavino.** Das im romanischen Stil errichtete Bauwerk besitzt ein schönes katalanisch-gotisches Doppelportal. Die Krypta birgt drei römische Sarkophage aus dem 3. und 4. Jh.

◆ Stintino
28 km nordwestlich von Porto Torres.
Türkisblaues Meer, lange Sandstrände – kein Wunder, dass in und um Stintino Hotels und Ferienhäuser wie Pilze aus dem Boden schießen. Wer sich für den Tunfischfang auf Sardinien interessiert, sollte das **Museo della Tonnara** besuchen (unregelmäßig geöffnet).

◆ Castelsardo
35 km östlich von Porto Torres und nördlich von Sassari.
Castelsardo, ein pittoresker Ort mit einem kleinen Fischereihafen und einem *castello sardo* (»sardisches Kastell«), wurde im 12. Jh. von einer

genuesischen Familie als Festung gegründet und zuerst Castelgenovese genannt. Im 15. Jh. geriet die Burg unter aragonische Herrschaft, bevor sie schließlich sardisch wurde.

Die Stadt mit ihren gewundenen Straßen und Treppengässchen ist stolz auf ihre Schätze, darunter die einschiffige **Kathedrale Sant'Antonio Abate** aus dem 16. Jh. Von

Castelsardo, ein pittoresker Fischerort

attraktiven Stränden 💚 umgeben, hat sich Castelsardo zu einem beliebten Badeort entwickelt, doch Kritiker mahnen an, es habe dabei seine Seele verloren.

Fährt man einige Kilometer in Richtung Perfugas, trifft man auf den **Elefantenfelsen,** einen von Wind und Wasser geformten Trachytblock.

◆ Palau 💚
94 km östlich von Castelsardo, 40 km nördlich von Olbia.
5 km östlich von Palau begegnet man einem weiteren Felstier, dem **orso** (»Bär«), den die Elemente schon vor Urzeiten aus einem Granitfelsen geformt haben. Mit einer Widerristhöhe von 122 m beherrscht er, von sardischen Ausflüglern und Touristen gleichermaßen bestaunt, das nach ihm benannte Kap.

Zwischen Palau und Santa Teresa di Gallura, der nördlichsten Stadt der Insel, liegen einige schöne **Strände.** Palau selbst ist ein Ferienzentrum

und Ausgangspunkt für Fahrten zu den Maddalena-Inseln.

◆ *Isole Maddalena* 💚
Man fährt ab Palau 20 Min. mit der Fähre.
Zu den Maddalena-Inseln gehören sieben Eilande, von denen aber nur zwei von Touristen besucht werden, **La Maddalena** und **Caprera.** Die Hauptinsel, nach der der Archipel benannt ist, blickt auf eine militärisch geprägte Vergangenheit zurück: Sie widersetzte sich erfolgreich Bonaparte, war Flottenstützpunkt Admiral Nelsons und diente Italien zwischen 1887 und dem Zweiten Weltkrieg als Militärbasis. Noch heute existiert auf der Insel ein Ausbildungszentrum für Marinesoldaten.

▮ Museo di Archeologico Navale
Mo–Fr 8–14 Uhr.
Das Museum zeigt eine Sammlung von Amphoren, Navigationsinstrumenten etc., die z. T. aus einem im 2. Jh. v. Chr. untergegangenen römischen Schiff stammen.

◆ *Isola Caprera*
6 km von La Maddalena, über einen Damm zu erreichen.
Der italienische Freiheitskämpfer Garibaldi erwarb Caprera im Jahr 1856 und verbrachte auf dem rund 16 km² großen Eiland seinen Lebensabend. Sein einstiges Wohnhaus ist seit 1907 ein Nationalmonument (**Museo Garibaldino,** Di–Sa 9–13.30, So 9–12.30 Uhr). In der Nähe, an der Biegung einer Allee, liegt das Grab des italienischen Nationalhelden.

◆ *Porto Cervo* 👁
Porto Cervo ist das Aushängeschild der 💚 **Costa Smeralda,** und das zu Recht: Abschüssige Gassen, klei-

Porto Cervo, beliebt bei den Schönen und Reichen

ne Plätze mit hübschen Häusern, elegante Juwelier- und Haute-Couturegeschäfte sowie exklusive Restaurants laden zum Bummeln und Verweilen ein. Der Hafen spiegelt das gesellschaftliche Leben des Ortes wider. Hier liegen Luxusjachten von Millionären und Stars aus dem Showbusiness vor Anker. Die Costa Smeralda besitzt noch einige andere, ebenso bezaubernde Badeorte, so beispielsweise **Cala di Volpe** und **Baia Sardinia.**

◗ *Im Inselinnern*

◆ *Sassari*
21 km südöstlich von Porto Torres, 111 km westlich von Olbia.
Die Ursprünge der zweitgrößten Stadt Sardiniens reichen in das 12. Jh. zurück. Die Siedlung wurde erst von den Pisanern, dann von den Genuesen begehrt, bevor sie sich von diesen die Stadtrechte ertrotzte und eine eigene Rechtsordnung gab. Aufmüpfig zeigte sich Sassari im 18. und 19. Jh. auch gegenüber den Savoyern. Im 20. Jh. hat es sich als Industrie- und Dienstleistungszentrum etabliert, außerdem ist es Sitz einer Universität.

Durch die kleinen Gassen, die von der Piazza Cavallino de Honestis abgehen, gelangt der Besucher in die Innenstadt. Die im katalanisch-aragonischen Stil errichteten **Palazzi** auf dem Corso Vittorio Emanuele harmonieren vortrefflich mit der Barockfassade des **Doms San Nicola.** Schon im 13. Jh. stand an dieser Stelle eine Kirche, von der noch heute der Glockenturm existiert. Der größte Teil des Bauwerks stammt aus dem 15. Jh. und ist im katalanisch-gotischen Stil gestaltet. Einen Besuch lohnt auch die ursprünglich romanische, mehrfach umgebaute Kirche **Santa Maria di Betlem** im Westen der Stadt mit ihrem pisanisch-lombardischen Portal.

Sardonisches Lächeln
Jeder hat schon einmal vom sardonischen Lächeln gehört. Als sardonisch bezeichnet man einen verkrampften, schwer einschätzbaren Gesichtsausdruck. Zum Ursprung dieser Formulierung gibt es widersprüchliche Erklärungen. Einige Wissenschaftler sind der Auffassung, dass sich »sardonisch« auf den sardischen Hahnenfuß »Sardonia« beziehe, dessen Genuss ein nervöses, zwanghaftes Lachen auslöse. Wahrscheinlicher ist jedoch, dass die Formulierung von dem erzwungenen Lächeln herrührt, mit dem die auf Sardinien lebenden Karthager der Göttin Tanit ihre Kinder zum Opfer bringen mussten. Dieses Grinsen, eine Mischung aus falschem Lächeln und tiefem Schmerz, inspirierte die punischen Kunsthandwerker. Diese bannten die von Tragik gekennzeichnete Mimik auf Masken und Amulette.

▌ Museo Archeologico ed Etnografico G. A. Sanna

Via Roma 64. Mo–Sa 9–14, So 9 bis 13 Uhr.

Das in einem neoklassizistischen Gebäude untergebrachte Museum vermittelt einen guten Überblick über die Geschichte der Insel, vom Neolithikum bis zur Neuzeit. Besonders interessant sind die Funde aus der Nuraghen- und der Römerzeit. Die angeschlossene volkskundliche Abteilung widmet sich u. a. dem traditionellen Kunsthandwerk.

◆ Santissima Trinità di Saccargia 👁

16 km südöstlich von Sassari.
Bei der Fahrt auf der Nationalstraße in Richtung Olbia ragt sie plötzlich am Straßenrand auf: eine großartige romanische Kirche im Pisaner Stil aus schwarzem Trachyt und weißem Kalkstein.

Das karge und manchmal raue Inselinnere hat seinen eigenen Charme

◆ Santu Antine 👁

45 km südlich von Sassari.
Dies ist neben Barumini (s. S. 104) die bedeutendste **Nuraghenfundstätte** Sardiniens. Ein zentraler, einst rund 20 m hoher Turm und eine Bastion mit drei Ecktürmen sind erhalten geblieben. Der Besuch lohnt sich.

◆ Perfugas

24 km südlich von Castelsardo.
Mitten in diesem verschlafenen Dorf mit seinen gewundenen Sträßchen steht ein nuraghischer Brunnentempel. Durch einen rechteckigen Vorraum und über eine Treppe gelangt man zu einer unterirdischen Quelle.

◆ Aggius

30 km nordöstlich von Perfugas.
Das Dorf ist die Eingangspforte zur 💜 **Valle della Luna.** Diese Ebene schmücken zahlreiche von Wind und Wetter originell geformte Granitfelsen. Ambitionierte Kletterer kommen hier auf ihre Kosten.

◆ Tempio Pausania

12 km östlich von Aggius, 70 km nordöstlich von Sassari.
Typisch für die Hauptstadt der Gallura sind die Granitbauten. Sehenswert ist die Kathedrale San Pietro aus dem 15. Jh.

◆ Lago del Coghinas

23 km südlich von Tempio Pausania.
Der Lago del Coghinas wurde in der Mussoliniära angelegt und ist einer der größten künstlichen Seen Italiens. Es empfiehlt sich, über den Variante-Pass 💜 dorthin zu fahren – der Umweg lohnt sich.

◆ Arzachena

106 km östlich von Sassari, 26 km nördlich von Olbia.
Von dem nahe der Costa Smeralda gelegenen Dorf, dessen Geschichte bis ins 3. Jahrtausend v. Chr. zurückreicht, kann man Ausflüge zu großartigen prähistorischen Fundstätten unternehmen.

◆ Nuraghe Albucciu

3 km südöstlich von Arzachena. Nehmen Sie die SS 125 Richtung Olbia. Ein Schild weist auf die Ausgrabungsstätte hin.

Einer der interessantesten Nuraghen Sardiniens. Ein Korridor führt zum oberen Teil; von hier hat man einen fantastischen Blick über die Ebene.

◆ Gigantengrab Coddu Vecchiu

Ab Arzachena auf der SS 427 in Richtung Calangianus.

Dieses Grab stammt aus der Kupferzeit. Eine über 4 m hohe Portalstele steht inmitten von halbkreisförmig angeordneten Stelen.

◆ Nuraghentempel von Malchittu

Etwa 45 Min. zu Fuß von Albucciu.

Die einzigartige Kultstätte mit einem Altar für Opfergaben entstand vermutlich etwa um 1200 v. Chr.

◆ Gigantengrab Li Lolghi 👁

Fahren Sie 2,7 km weiter in Richtung Lugosanto, dann rechts ab auf einem Lehmweg bis zur Kreuzung.

Unter den Gigantengräbern der Insel ist Li Lolghi eines der bedeutendsten. Die Grabstätte besteht aus einem Dolmen (frühe Bronzezeit), der später durch einen rechteckigen Korridor aus vertikal in den Boden getriebenen Platten (mittlere Bronzezeit) erweitert wurde.

◆ Nekropole Li Muri 👁

An der Kreuzung weist ein Schild die Richtung. Folgen Sie zu Fuß den Markierungen bis zur Fundstätte.

Die Nekropole ist ein interessantes Beispiel einer Kollektivgrabstätte aus der Jungsteinzeit. Um Steinkisten herum, in denen die Toten in Hockstellung begraben wurden, hat man Steinplatten vertikal in den Boden getrieben.

▶ Die Küste

Die Küste erstreckt sich türkisblau und zerklüftet von Olbia über Tortoli bis Villasimius.

◆ Olbia

111 km östlich von Sassari, 104 km nördlich von Nuoro.

Olbia ist *die* Touristenstadt von Sardinien und die alte Hauptstadt der Gallura. Die Bucht ist herrlich und wartet mit einigen renommierten Badeorten wie Siniscola und Golfo Aranci auf.

▌San Simplicio

Costa Smeralda
7 km

20 Min.

TAXI
25 000 L

Über den Corso Umberto, Via San Simplicio.

Die im 11. Jh. im romanisch-pisanischen Stil errichtete Kirche beeindruckt durch ihr schlichtes Äußeres und ihre eleganten Säulen im Innenraum. Dort sind auch zahlreiche römische Grabsteine zu sehen.

◆ Dorgali

32 km von Nuoro, 106 km südlich von Olbia.

Die Stadt liegt zwischen der Barbagia im Inselinnern und der Küste. Auf der Suche nach schönen Souvenirs wird man hier schnell fündig, denn in Dorgali wird das traditionelle Kunsthandwerk gepflegt. Angeboten werden u. a. Töpferwaren und Goldschmiedearbeiten.

◆ Cala Gonone 💚

10 km von Dorgali.

Die Gegend rund um den kleinen Ort ist für ihre Meeresgrotten und Strände berühmt, die nur mit dem

Boot zu erreichen sind. An die Zeit, als hier Mönschrobben lebten, erinnert nur noch der Name der Grotta del Bue Marino.

◆ Grotta di Ispinigoli

7 km nördlich von Dorgali. Tgl. 9 bis 18 Uhr, im Winter geschl.
Während der Nuraghenzeit wurden in der Grotte, einer der größten Italiens, Menschenopfer dargebracht. Heute ist sie eine der beliebtesten Touristenattraktionen der Insel, vor allem wegen der bis zu 38 m langen Stalaktiten und Stalagmiten.

Orgosolo: Wandbilder als Form des Prote:

◆ Orgosolo

Der Ort stand lange in dem Ruf, ein Banditennest zu sein. Mit seinem Namen sind Aufstände gegen Großgrundbesitzer, Familienfehden und Raubüberfälle verbunden. In den 70er Jahren des 20. Jhs. entdeckten systemkritische Bewohner von Orgosolo die Wandmalerei als Form des politischen Protests für sich. Die **Murales** sind heute *die* Attraktion des Ortes. Die ältesten Wandbilder fordern noch das Ende des Vietnamkriegs, neuere prangern die betrügerischen Machenschaften von lokalen Abgeordneten an.

> ### Extra-Tipp!
> Der Karneval von Nuoro läuft nach strengen Regeln ab. So sind die Kostüme und die Rollen der einzelnen Personen genau festgelegt und werden oft von Generation zu Generation weitergegeben.

▶ Im Inselinnern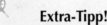

◆ Nuoro

Die Stadt, Zentrum der Barbagia, ist nicht besonders schön, besitzt aber ein fantastisches ♥ **Volkskundemuseum,** das schönste und umfassendste von Sardinien (Di–Sa 9–13, 15–19, So 9–13 Uhr). Hier sind u. a. sardische Trachten, Musikinstrumente, vielerlei Haushaltsgegenstände und Werkzeug ausgestellt. Ein Höhepunkt der Sammlung ist die Darstellung des Karnevals von Nuoro.

◆ Serra Orrios

10 km nordwestlich von Dorgali.
Serra Orrios ist eine besonders gut erhaltene nuraghische Siedlung mit rund 70 Hütten und einem kleineren und einem größeren Tempel. Zu Letzterem gehört ein Festplatz.

> ### Extra-Tipp!
> In 1000 m Höhe liegt Fonni, der höchste und einzige Ort der Insel, in dessen Umgebung man Ski fahren kann.

Westsardinien

▶ Alghero

Die Stadt soll von der machtbesessenen Genueser Familie Doria im 11. Jh. an der Stelle eines Fischerdorfs gegründet worden sein. Der Name geht auf das genuesische Wort *algueriu,* »Algenstadt«, zurück, katalanisch *L'Alguer,* sardisch *S'Alighera.*

Tatsächlich treibt die Strömung auch heute noch große Mengen Algen an die Strände. 1353 erlitten die Genuesen eine Schlappe vor der eigenen Haustür: Die Katalanen nahmen die Stadt ein. Seither werden die Straßennamen in beiden Sprachen geschrieben. Den lokalen Dialekt versteht jeder Katalane, sei er aus Barcelona oder von der Insel Mallorca.

◆ San Francesco 👁
Via Carlo Alberto.
Die Kirche ist stark von der katalanischen Gotik geprägt. Ein gutes Beispiel für diesen Stil ist die große Fensterrose. Eine Besichtigung lohnt der aus Sandstein errichtete Kreuzgang, der, obwohl aus dem 15. Jh. stammend, der Romanik verpflichtet ist. Der sechseckige **Campanile** 💙 verleiht dem sonst unscheinbaren Gotteshaus seinen Reiz.

◆ Palazzo d'Albis
Piazza Civica.
Vom Balkon des Palazzo (16. Jh.) soll Karl V., der sich 1541 in Alghero aufhielt, die Einwohner mit den Worten, »Ihr sollt alle Edelleute sein«, in den Adelsstand erhoben haben. Das Gebäude war einst Sitz des spanischen Gouverneurs.

◆ Torre di San Giacomo
Der Turm weist viele Schießscharten auf, durch die einst der Lungomare Dante bewacht wurde. Alghero besitzt noch zwei andere bemerkenswerte Türme: den **Torre del Porta Terra** (Piazza Porta Terra) und den **Torre dello Sperone** (Piazza Sulis).

◆ Nekropole Anghelu Ruju 👁
10 km nördlich von Alghero. Tgl. 9 bis 19 Uhr, im Winter 9–16 Uhr. Eintritt.

In einer Art Steinbruch wurden 38 Gräber in den Felsen gehauen. Sie bestehen meist aus mehreren Kammern und sind den für die Entstehungszeit (3. Jt. v. Chr.) typischen Behausungen nachempfunden. Die Ausgrabungsfunde kann man in den Museen von Sassari und Cagliari besichtigen.

▶ Nuraghe Palmavera
10 km nördlich von Alghero. Tgl. 9 bis 19 Uhr, im Winter nur bis 16 Uhr. Eintritt.
Um einen Hauptturm (14. Jh. v.Chr.) und einen Nebenturm gruppieren sich die Überreste von etwa 50 Hütten. Der Ort wurde offenbar bei einem Feuer fluchtartig verlassen. Durch die Funde (heute im Museo Sanna, s. S. 98) gewannen die Wissenschaftler viele Erkenntnisse über den Alltag in der Nuraghenzeit.

▶ Die Strände Lazzaretto und Le Bombarde
8 km von Alghero auf der Straße nach Porto Conte.
Die beiden wunderschönen Strände 💙 begründen Algheros Ruf als Badeort. Der Lazzarettostrand wird von einem Turm aus dem 17. Jh. überragt. Die Bucht von **Porto Conte,** einst ein römischer Hafen, eignet sich gut für Wassersport.

▶ Grotta di Nettuno
24 km von Alghero. Im Sommer 8 bis 19 Uhr.
Von Alghero fahren mehrmals täglich Boote zu dieser Grotte, in der Stalaktiten, Stalagmiten und ein Salzwassersee zu bewundern sind. Eine Alternative zur Bootsfahrt ist der Weg über eine steile Treppe mit über 650 Stufen.

Bosa

46 km südlich von Alghero.

Bosa ist ein pittoreskes Städtchen inmitten einer reizvollen Landschaft. Zu den Sehenswürdigkeiten gehört die Kathedrale aus dem 18. Jh., die das ♥ **Mausoleum von Moritz von Savoyen** birgt, und das über dem Ort thronende **Castello dei Mala-**

Extra-Tipp!

An der vorletzten Kurve der nach Süden führenden Straße lohnt ein Stopp: Hier hat man einen schönen Blick auf Bosa mit seinen bunten, kubistisch anmutenden Häusern.

Schöne lange Strände – was braucht man mehr, um sich zu erholen?

spina aus dem 12. Jh. Am Ufer des Temo liegen die einstigen Gerbereien, die heute dem Verfall preisgegeben sind. Von Palmen gesäumte Kais führen zur felsigen Küste, wo der Fluss ins Meer mündet. Wer einen guten Tropfen zu schätzen weiß, sollte den Malvasia probieren.

Oristano

92 km nordwestlich von Cagliari, 90 km südwestlich von Nuoro.

Oristano wurde im Jahr 1070 an der Stelle gegründet, an der sich die antike römische Siedlung Othoca erstreckt hatte. Der Überlieferung nach zogen alle Bewohner der Hafenstadt Tharros nach Oristano, da sie sich von dem nicht so exponiert gelegenen Ort mehr Sicherheit vor feindlichen Angriffen versprachen.

Die Stadt ist Schauplatz der **Sartiglia,** eines ♥ Wettkampfs spanischen Ursprungs, der jedes Jahr am Karnevalsdienstag stattfindet: In vollem Galopp versuchen Reiter mit ihrer Lanze einen über der Straße aufgehängten Stern zu treffen.

Santa Giusta

3 km südöstlich von Oristano.

Diese ♥ schöne Kirche kann man bereits von der Nationalstraße

Das Tophet von Sulki

Nördlich der Stadt Sant'Antioco auf der gleichnamigen Insel (s. S. 104) liegt das Tophet von Sulki, eine der bekanntesten Brandopferstätten. Hier fand man rund 3000 Urnen, darunter auch solche mit der Asche von Kindern. Bei den Phöniziern war es Brauch, die erstgeborenen Kinder im Feuer zu opfern. Mit der Zeit gingen die reichen Familien dazu über, Kinder aus armen Familien zu kaufen. Dann wurden die Opfer seltener und nur noch in Zeiten schwerer Krisen dargebracht. In einer Felsenhöhle fand man auch Hinweise auf Scheiterhaufen.

aus sehen. Die Fassade des ursprünglich pisanisch-romanischen Bauwerks (12. Jh.) weist auch lombardische Stilelemente auf.

◗ Die Thermen von Fordongianus

26 km nordöstlich von Oristano.
Noch immer sprudeln hier die heißen Quellen, die schon die Thermen des antiken Forum Traiani speisten. Reste der Anlage sind noch erhalten, so z. B. ein Schwimmbecken.

◗ Tharros

Auf der Halbinsel von Sinis.
Die einstige punisch-römische Hafenstadt ist heute ein faszinierendes Ruinenfeld. Hier findet man u. a. Reste von Tempeln, Straßen und Tophets.

Südsardinien

◗ Cagliari 👁

Die Ursprünge der Hauptstadt Sardiniens reichen bis ins Neolithikum zurück. Im 3. Jh. v. Chr. wurde die

Elmas
6 km
nordwestlich

20 Min.

TAXI
25 000 L

von den Phöniziern gegründete Siedlung römisch und entwickelte sich zu einem bedeutenden Handelszentrum. Später geriet Cagliari unter byzantinische Herrschaft. Im Mittelalter erlebte es eine Zeit der Autonomie, bevor es im 14. Jh. pisanisch wurde. Aragonien, später Spanien, Österreich und Savoyen-Piemont beherrschten nacheinander die Stadt. Von der wechselvollen Geschichte Cagliaris zeugen die verschiedenen Baustile.

Extra-Tipp!
Auf der Bastion San Remy findet an jedem Sonntagmorgen ein lebhafter Flohmarkt statt.

◆ Dom Santa Maria di Castello

Tgl. 8–12, 16–20 Uhr.
Der Innenraum 🔵 der im 13. Jh. errichteten, mehrfach umgebauten Kathedrale birgt zahlreiche Kunstschätze, so eine von Guglielmo geschaffene Kanzel.

◆ Citadella dei Musei 👁

Piazza Arsenale. Di–So 9–14, 15 bis 20 Uhr, Pinakothek tgl. 9–19.30 Uhr.
Das moderne **Museo Archeologico** bietet die beste Einführung in die Geschichte der Insel. Lohnend ist auch ein Besuch in der **Pinacoteca.**

◆ Amphitheater

Viale Fra Ignazio da Laconi.
Die Römer begnügten sich damit, stufenförmige Sitzreihen in einen alten Steinbruch zu hauen. Im Sommer werden hier Opern aufgeführt und Konzerte veranstaltet.

Sonntags sollte man sich den Flohmarkt von Cagliari nicht entgehen lassen

▶ Isola di Sant'Antioco 👁

Ein 3 km langer Damm verbindet die Isola Sant'Antioco mit Sardinien. Man besucht das Eiland wegen seiner Ausgrabungsstätten und des schönen Strandes von ♥ **Calasetta.** Wer genügend Zeit hat, kann eine Bootsfahrt zur Nachbarinsel San Pietro unternehmen.

◆ Katakomben
In der Stadt Sant'Antioco unterhalb der gleichnamigen Kirche, Piazza Gaspari. Tgl. 9–13, 15.30–19 Uhr, im Winter nur bis 18 Uhr.
In den labyrinthartigen Katakomben soll sich u. a. das Grab des Märtyrers Antiochos, des Namensgebers der Insel, befinden.

▶ Nora ♥

30 km südlich von Cagliari. Tgl. 9 bis 18 Uhr.
Auf einer Landzunge finden sich die Ruinen der ältesten Stadtgründung Sardiniens. Zu sehen sind u. a. Reste eines punischen Tempels, römischer Thermen und eines Amphitheaters. Letzteres weist – ebenso wie eine römische Villa – schöne Fußbodenmosaike auf.

Im Inselinnern

▶ Nuraghenfestung Su Nuraxi

Bei Barumini, 60 km nördlich von Cagliari.
Im Herzen des Gennargentu-Massivs liegt der größte Nuraghenkomplex Sardiniens. Mit Erde bedeckt, hat er die Jahrhunderte über-

---

Bergbau auf Sardinien

Der Südosten der Insel ist vom Bergbau geprägt. Schon früh wurde am Monte Arci Obsidian abgebaut und für die Herstellung von Waffen verwendet, die bei den kriegerischen Völkern des Mittelmeers sehr begehrt waren. Später kam die Zeit der silberhaltigen Bleierze, dann die des Eisens. Inzwischen sind alle Minen geschlossen.

---

dauert. Nachforschungen haben ergeben, dass zunächst nur ein fast 20 m hoher Verteidigungsturm an dieser Stelle existierte (16. bis 14. Jh. v. Chr.), zu dem zwischen 1200 und 1000 v. Chr. vier Türme hinzukamen. Diese hatten früher vorkragende Brüstungen, von denen Geschosse nach unten abgefeuert werden konnten. Über die erhalten gebliebenen Treppen zwischen den dicken Mauern gelangt man auf den eindrucksvollen Turm.

◆ Brunnenheiligtum Santa Cristina ♥
12 km südwestlich von Abasanta.
Hier fühlt man sich in die geheimnisvolle Welt eines Märchens versetzt. Eine steile Treppe mit 25 Stufen führt zu einem heiligen Brunnen hinunter, der wahrscheinlich einer Wassergottheit geweiht war.

◆ Tempel von Antas 👁
Bei Fluminimaggiore.
Über den Fundamenten eines punischen Tempels, der im 6. Jh. v. Chr. errichtet und im 3. Jh. v. Chr. erneuert worden war, bauten die Römer einen neuen Tempel, von dem u. a. noch sechs ♥ Säulen erhalten sind.

> **Extra-Tipp!**
> In der Giara di Gesturi kann man Wildpferden begegnen.

Tipps und Adressen

▶ Hotel

– Hotel Marghera,
Via Marghera 29.
Das kleine, komplett renovierte Hotel besitzt viel Charme. Es liegt nur 100 m vom Bahnhof entfernt und besticht durch seine ruhige, freundliche Atmosphäre.

▶ Restaurants

– Bramante,
Via della Pace 25,
Tel. 06 68 80 39 16.
Genau das Richtige für einen Abend zu zweit: gedämpftes Licht, dezente Hintergrundmusik, ein angenehmes Interieur mit einem Hauch Barock und schmackhafte Gerichte. Das in einem beliebten römischen Viertel gelegene Restaurant ist allerdings nicht ganz billig.

– Ambaciata d'Abruzzo,
Via Pietro Tacchini 2B,
Tel. 06 87 82 56.
Einladendes Restaurant, in dem man einen Vorgeschmack auf die kulinarischen Genüsse der Abruzzen bekommt.

– Osteria Santa Ana,
Via della Penna, Tel. 0 63 61 02 91.
Die Speisekarte steht ganz im Zeichen der traditionellen italienischen Kochkunst. Die Atmosphäre ist familiär; auch die kleinen Gäste kommen hier nicht zu kurz.

▶ Shopping

– Azienda Agricola,
Vicolo della Torretta 3.
Große Auswahl an Pasta, Olivenöl und Gewürzen.

– Volpetti,
Via Marmorata 47.
Ein Paradies für Käseliebhaber.

▶ Freizeit

– L'Evento
14-tägig erscheinendes Magazin mit Veranstaltungshinweisen. Es wird von der Stadt Rom herausgegeben und ist kostenlos erhältlich, z. B. in den Touristenbüros.

– Roma c'è
Erscheint jeden Freitag; Kino- und Theaterprogramm, Infos zu Konzerten, Ausstellungen, Diskotheken, Restaurants, Geschäften etc.

▶ Wichtige Adressen

– Aeroporto Leonardo da Vinci-Fiumincino,
Ca. 25 km südwestlich von Rom,
Informationen für Passagiere:
Tel. 06 65 95 44 55.
Internationaler Flughafen.

– Aeroporto G. B. Pastine-Ciampino,
15 km südöstlich von Rom,
Informationen für Passagiere:
Tel. 06 79 49 41.
Überwiegend Charterflüge.

– Italienische Staatsbahnen,
Ferrovie dello Stato (FS),
Tel. 1 47 88 80 88, tgl. 7–21 Uhr.

Informationsbüro an der Stazione Termini: Tel. 06 48 49 72.

– Fluggesellschaften:
Alitalia: Tel. 1 47 86 56 42.
Lufthansa: Tel. 0 64 66 07.
Austrian Airlines:
Tel. 0 64 88 33 03.
Swissair: Tel. 0 64 47 05 55.

– Taxiunternehmen:
Es gibt zahlreiche Taxiunternehmen in Rom. Hier die Telefonnummern einer Auswahl:

Tel. 06 35 70; 06 49 94; 0 68 81 77; 06 66 45; 06 55 51; 06 88 22; 06 41 57.

– Metro:
Es existieren zwei Metrolinien: A (Nord-Westen – Süd-Osten) und B (Nord-Ost – Süden). Sie kreuzen sich an der Stazione Termini und bedienen insgesamt 44 Stationen.

– Notfälle:
Carabinieri: *112*; Polizei: *113*; Automobile Club Italiano: *116*.

Apotheken mit 24-Stunden-Dienst: *Via Nazionale 228, Piazza della Repubblica und in der Stazione Termini.*

Neapel und Kampanien

▶ *Hotel*

– Palace Hotel,
Piazza Garibaldi 9, Neapel.
Empfehlenswertes Haus in zentraler Lage. Dank der Doppelfenster recht ruhig.

▶ *Restaurants*

– Oasi Mare,
Via Torretta 1, Marina d'Equa, an der Straße Neapel – Amalfi.
Einfaches Restaurant, in dem leckere Gerichte mit Meeresfrüchten und lokalen Produkten auf den Tisch kommen.

– Ristorante Bagni,
Marina Grande, Amalfi,
Tel. 0 89 87 11 29.
Pizzas und Fischspezialitäten. Von diesem Restaurant genießen Sie einen der schönsten Blicke auf die Bucht.

– Port'Alba,
Via Port'Alba 18, Neapel,
Tel. 0 81 45 97 13. Mi geschl.
Das Restaurant Port'Alba erfreut sich bei den Neapolitanern großer Beliebtheit.

Kleines Manko: Die Bedienung wird erst munter, wenn es Zeit für die Rechnung ist, dafür ist diese nicht zu hoch.

– Ristorante Cavour,
Piazza Garibaldi 34, Neapel,
Tel. 0 81 28 31 22.
Schickes Restaurant mit gediegener Küche und aufmerksamem Service.

▶ *Shopping*

– Il Buongustaio,
Via Tribunali 365, Neapel.
Liebhaber kulinarischer Spezialitäten finden hier eine erstklassige Auswahl an italienischen Produkten.

– Enoteca Enrico Rianna,
Via Tribunali 33, Neapel,
Tel. 08 12 11 00 79.
In dieser sympathischen Enoteca gewinnen Sie einen Eindruck von der Vielfalt der süditalienischen Weine.

▶ *Freizeit*

– Piazza Bellini,
Von der Terrasse eines Cafés aus kann man den Vorführungen der Straßenkünstler zuschauen.

– Grand Café Gambrinus,
Via Chiaia 1, Neapel,
Tel. 0 81 41 75 82.
Das traditionsreiche Café wartet mit köstlichen Kuchen und Torten auf.

▶ *Wichtige Adressen*

– Aeroporto Capodichino,
Nordöstlich der Stadt, über Tangenziale. Informationen für Passagiere: Tel. 08 17 89 61 11.

– Fluggesellschaften:
Alitalia, Tel. 08 15 42 51 11.
Lufthansa, Tel. 08 15 51 54 40.

– Taxiunternehmen:
Radiotaxis Tel. 08 15 51 51 51;
08 15 70 70 70.

– Touristeninformation Neapel,
Ente Provinciale per il Turismo,
Piazza dei Martiri 58,
Tel. 0 81 40 53 11.

Abruzzen

▌ Hotels

– Grand Hotel del Parco,
Corso Federico II 74, L'Aquila.
Empfehlenswertes Haus mit großzügig geschnittenen Zimmern.

– Hotel Panoramic,
Via Smargiassi 1, Vasto.
Das Hotel ist zwar nach seinem Meerblick benannt, liegt aber dennoch im historischen Zentrum des Ortes. 27 Zimmer, Bar-Restaurant, Gemeinschaftsraum.

▌ Restaurant

– Castello Aragona,
Via San Michele 105, Vasto,
Tel. 0 87 36 98 85.
Eines der besten Restaurants der Stadt. Im Sommer sitzt man sehr schön auf der Terrasse. Meeresspezialitäten.

▌ Freizeit

Besonders schöne Strände findet man in Marina di Vasto, Roseto degli Abruzzi, Pineto und Montesilvano Marina.

▌ Wichtige Adresse

– Touristeninformation L'Aquila,
Piazza Santa Maria di Paganica 5,
Tel. 08 62 41 08 08.

Basilikata

▌ Restaurants

– Taverna Oraziana,
Via Orazio Flacco, Potenza,
Tel. 09 71 44 40 84.
Die Speisekarte dieser Taverne kann sich sehen lassen. Unprätentiöse lokale Gerichte, gutes Preis-Leistungs-Verhältnis.

– Za'Mariuccina,
Via Grotte 2, Fiumicello.
In dem nahe Maratea an der tyrrhenischen Küste gelegenen Restaurant kann man fangfrischen Fisch und einen sehr schönen Blick genießen.

▌ Freizeit

– Centro Sub Maratea,
Via Santa Caterina, Maratea,
Tel. 09 73 87 00 13.
Eine Anlaufstelle für all jene, die gern abtauchen.

▌ Wichtige Adresse

– Touristeninformation Potenza,
Via Alianelli 4, Tel: 09 71 41 18 39.

Kalabrien

▌ Hotel

– Hotel Gugliemo,
Via Tedeschi 1, Catanzaro.
Das zentral gelegene Hotel erstrahlt nach einer Renovierung in altem Glanz. 46 große Zimmer, Restaurant.

▌ Restaurants

– Da Salvatore,
Via Salita del Rosario 28,
Tel. 09 61 72 43 18.
Lange Wartezeiten, dichtes Gedränge an den Tischen und gestresste Kellner er-

trägt man hier geduldig, denn die lecke-
ren Speisen machen alles wieder wett.

– Birreria Russomanno,
Marina di Satriano, Bivio Russo-
manno, Tel. 0 96 72 12 00.
Mit den rot-weiß karierten Tischdecken
und dem dröhnenden Fernseher wirkt
das Lokal ganz wie eine Fernfahrer-
kneipe. Die Portionen sind üppig bemes-
sen und das Bier wird frisch gezapft.

▶ Shopping

– La Maschera,
Tiriolo, Tel. 09 61 99 15 77.
Hier wird das klassische Kunsthandwerk
gepflegt: u. a. Herstellung von Masken.

– Artigianato Calabrese,
Piazza Italia, Tiriolo.
In diesem Geschäft bekommen Sie die
typischen Schals, die von den Frauen der
Region getragen werden. Die klassische
Ausführung besteht aus schwarzer Seide
und ist mit farbigen Linien verziert.

▶ Freizeit

– Diving Center Punta Stilo,
Via Marconi 10, Stilo,
Tel. 09 64 77 53 07.
Archäologische sowie Nacht- und Foto-
exkursionen. Kompetente, auch eng-
lischsprachige Tauchkurse.

▶ Wichtige Adresse

**– Touristeninformation
Catanzaro,**
Piazza Prefettura 4,
Tel. 0 96 14 55 30.

Molise

▶ Wichtige Adresse

**– Touristeninformation
Campobasso,**
Piazza della Vittoria 14,
Tel. 08 74 41 56 62.

Apulien

▶ Hotels

– Villa Ronamazzi,
Via G. Capruzzi 326, Bari. Nehmen
Sie die Ausfahrt Nr. 10/A Bari-Pico-
ne, dann weiter Richtung Zentrum.
Unter dem Dach einer hübschen Villa aus
dem Jahr 1870 bietet das zur Mercure-
Kette gehörende, in einem herrlichen
Park gelegene Hotel modernsten Kom-
fort. 89 Zimmer, Schwimmbad, Kon-
gresszentrum.

– Palazzi Baldi,
Corte Baldi, Galatina (Lecce).
Vier Jahre hat die Restaurierung der drei
Palazzi gedauert; das Resultat kann sich
sehen lassen: Das wunderschöne Hotel
verfügt sowohl über Zimmer als auch
über Suiten – einige sogar mit Balkon. Der
Service ist erstklassig, vielleicht etwas
übereifrig. An das Restaurant schließt sich
ein Garten mit exotischen Gewächsen an.

▶ Restaurants

– La Taverna,
Villa Romanazzi Carducci, Bari,
Tel. 08 05 42 74 00. So und Mo
mittags geschl.

Das Restaurant des Hotel Mercure liegt in einem Gewölbekeller. Probieren Sie die *orecchiette*, eine Pastaspezialität des Chefkochs Antonio de Rosa.

– Vecchia Brindisi,
Via San Giovanni al Sepolcro 5, Brindisi, Tel. 08 31 52 84 00.
Klassische apulische Gerichte und Pizzas vom Holzkohlengrill.

▶ Wichtige Adressen

– Touristeninformation Bari,
Piazza Aldo Moro 32,
Tel. 08 05 24 22 44.

– Schiffsgesellschaft Adriatica,
Piazza Roma 7, Vieste,
Tel. 08 84 70 85 01.
Ausflüge zu den Tremiti-Inseln.

Sardinien

▶ Hotels

– Sa Tella-Coonag,
Località »Sa Tella«, Guspini.
Geschmackvoll eingerichtete, funktionelle Zimmer; schmackhafte Biokost. Die dynamischen Besitzer bieten auch Ausflüge an. Behindertengerecht.

– Hotel S'Adde,
Via Concordia 38, Dorgali.
Die Zimmer sind ein bisschen altmodisch eingerichtet, aber sehr geräumig. Im Restaurant werden leckere Gerichte in üppigen Portionen serviert.

– Ca' La Somara,
Loc. Sarra Balestra (S. Pantaleo), 10 km südlich von Porto Cervo.
Der in ein Bed & Breakfast umgewandelte Bauernhof liegt in landschaftlich reizvoller Umgebung im Hinterland der Costa Smeralda. Große, im Winter leider etwas kalte Zimmer; reichhaltiges Frühstück. (Reit-) Exkursionen, Ausflüge, Segeln, Tauchen.

▶ Restaurants

– Gennargentu,
Via Sardegna, 60/c, Cagliari,
Tel. 0 70 65 82 47.
Diese Trattoria ist auch bei den Einheimischen sehr beliebt, daher reserviert man besser. Typisch italienische Geräuschkulisse, typisch sardische Küche.

– Tiana,
Loc. Tiana, Arzachena,
Tel. 0 78 98 21 95.
Dem Interieur fehlt es an Charme, was aber durch den herzlichen Service und die köstlichen Gerichte aufgewogen wird.

– Ristorante dal Corsaro,
Viale Regina Margherita 28,
Marina Piccola Poetto, Alghero,
Tel. 0 79 66 43 18.
Meeresspezialitäten. Alles wird ganz frisch und sehr originell zubereitet.

▶ Shopping

– Pasticceria Michele Bonamici,
Corso Garibaldi 105, Nuoro,
Tel. 0 78 43 41 03.
Köstliche eingelegte Orangen, eine Spezialität der Region.

▶ Freizeit

– Ichnussa,
Viale Umberto 40, Barumini,
Tel. 07 09 36 85 10.
Sehenswerte 3D-Präsentation über die Nuraghenzeit.

– Folkloretanz:
Kalagonis, Via Cagliari 5,
Maracalagonis, Tel. 0 70 78 90 54.
Während man sardische Spezialitäten genießt, kann man Folkloretanz-Vorführungen zuschauen.

▶ Wichtige Adresse

– Touristenbüro Cagliari,
Piazza Matteotti 9,
Tel. 0 70 66 92 55.

Gut zu wissen

Gut zu wissen

Kilometertabelle

	Bari	Campobasso	Cosenza	Foggia	L'Aquila	Neapel	Pescara	Potenza	Reggio di Calabria	Rom	Taranto
Bari	0	217	288	127	430	267	305	139	431	490	92
Campobasso	217	0	484	88	194	160	161	239	563	224	296
Cosenza	288	484	0	385	620	315	642	276	180	550	196
Foggia	127	88	385	0	272	176	192	119	610	363	208
L'Aquila	430	194	620	272	0	300	140	388	750	113	518
Neapel	267	160	315	176	300	0	315	156	492	219	349
Pescara	305	161	642	192	140	315	0	298	805	207	386
Potenza	139	239	276	119	388	156	298	0	431	362	155
Reggio di Calabria	431	563	180	610	750	492	805	431	0	362	335
Rom	490	224	550	363	113	219	207	362	362	0	571
Taranto	92	296	196	208	518	349	386	155	335	571	0

▶ Sardinien

	Cagliari	Nuoro	Olbia	Oristano	Sassari
Cagliari	0	190	294	92	228
Nuoro	190	0	104	90	140
Olbia	294	104	0	194	111
Oristano	92	90	194	0	126
Sassari	228	140	111	126	0

Pasta mit fünferlei Käse

Für 4 Personen

Zutaten
- 400 g Penne Rigate
- 100 g Parmesan
- 100 g Comté
- 100 g Appenzeller
- 50 g Gorgonzola
- 50 g Mascarpone
- 2 Esslöffel Crème Fraîche
- 50 g Butter
- Pfeffer

Zubereitung

Nudeln nach Belieben kochen.

Käse fein würfeln. Crème Fraîche und Butter in eine Schüssel geben. Käse darunter mischen. Die Schüssel auf den Kochtopf mit den Nudeln setzen und den Käse langsam schmelzen lassen, bis er zu einer homogenen Sauce geworden ist. Die gekochten Nudeln etwas abtropfen lassen und unter die Sauce mischen. Mit Parmesan bestreuen und heiß servieren.

Mozzarella-Tarte

Für 4–6 Personen
Zubereitungszeit: 10 Minuten
Backzeit: 35 Minuten

Zutaten
- 250 g Mozzarella
- 1 Packung Fertigmürbeteig
- 4–5 Tomaten
- Basilikum oder
  geriebene Muskatnuss
- Olivenöl
- Salz, Pfeffer

Zubereitung

Boden einer eingefetteten Form mit Teig auslegen und dabei einen 2–3 cm hohen Rand formen. Den Boden mit einer Gabel mehrmals einstechen. Anschließend Alufolie darauf legen und mit Reis beschweren. 10 Minuten bei 200 °C im Ofen vorbacken. Den Mozzarella und die Tomaten in Scheiben schneiden. Den abgekühlten Boden abwechselnd mit Mozzarella und Tomatenscheiben belegen. Basilikum oder geriebene Muskatnuss auf den Belag streuen und etwas Olivenöl darüber geben. Zum Schluss mit Salz und Pfeffer würzen. 25 Minuten bei 200 °C backen.

Langenscheidt Mini-Dolmetscher

Allgemeines

Guten Tag.	Buongiorno. [buondsehorno]
Hallo!	Ciao! [tschao]
Wie geht's?	Come sta? [kome sta]
Danke, gut.	Bene, grazie. [bäne grazje]
Ich heiße ...	Mi chiamo ... [mi kjamo]
Auf Wiedersehen.	Arrivederci. [arriwedertschi]
Morgen	mattina [mattina]
Nachmittag	pomeriggio [pomeridseho]
Abend	sera [ßera]
Nacht	notte [notte]
morgen	domani [domani]
heute	oggi [odsehi]
gestern	ieri [järi]
Sprechen Sie Deutsch?	Parla tedesco? [parla tedesko]
Wie bitte?	Come, prego? [kome prägo]
Ich verstehe nicht.	Non capisco. [non kapisko]
Sagen Sie es bitte nochmals.	Lo può ripetere, per favore. [lo puo ripätere per fawore]
..., bitte.	..., per favore. [per fawore]
danke	grazie [grazje]
Keine Ursache.	Prego. [prägo]
was / wer / welcher	che / chi / quale [ke / ki / kuale]
wo / wohin	dove [dowe]
wie / wie viel	come / quanto [kome / kuanto]
wann / wie lange	quando / quanto tempo [kuando / kuanto tämpo]
warum	perché [perke]
Wie heißt das?	Come si chiama? [kome ßi kjama]
Wo ist ...?	Dov'è ...? [dowä]
Können Sie mir helfen?	Mi può aiutare? [mi puo ajutare]
ja	sì [ßi]
nein	no [no]
Entschuldigen Sie.	Scusi. [skusi]
Das macht nichts.	Non fa niente. [non fa njänte]

Sightseeing

Gibt es hier eine Touristeninformation?	C'è un ufficio di turismo qui? [tschä un uffitscho di turismo kui]

Haben Sie einen Stadtplan / ein Hotelverzeichnis?	Ha una pianta della città / un annuario alberghi? [a una pjanta della tschitta / un annuarjo albärgi]
Wann ist ... geöffnet?	A che ora è aperto (m.) / aperta (w.) ...? [a ke ora ä apärto / apärta]
geschlossen	chiuso (m.) / chiusa (w.) [kjuso / kjusa]
das Museum	il museo (m.) [il museo]
die Kirche	la chiesa (w.) [la kjäsa]
die Ausstellung	l'esposizione (w.) [lesposizjone]
Wegen Restaurierung geschlossen.	In restauro. [in restauro]

Shopping

Wo gibt es ...?	Dove posso trovare ...? [dowe posso troware]
Wie viel kostet das?	Quanto costa? [kuanto kosta]
Das ist zu teuer.	È troppo caro. [ä troppo karo]
Das gefällt mir (nicht).	(Non) mi piace. [(non) mi pjatsche]
Gibt es das in einer anderen Farbe / Größe?	Ce l'ha anche di un altro colore / un'altra taglia? [tsche la angke di un altro kolore / un altra talja]
Ich nehme es.	Lo prendo. [lo prändo]
Wo ist eine Bank?	Dov'è una banca? [dowä una bangka]
Ich suche einen Geldautomaten.	Dove posso trovare un bancomat? [dowe posso troware un bangkomat]
Geben Sie mir 100 g Käse / zwei Kilo Pfirsiche	Mi dia un etto di formaggio / due chili di pesche. [mi dia un ätto di formadseho / due kili di päske]
Haben Sie deutsche Zeitungen?	Ha giornali tedeschi? [a dsehornali tedeski]
Wo kann ich telefonieren / eine Telefonkarte kaufen?	Dove posso telefonare / comprare una scheda telefonica? [dowe posso telefonare / komprare una skeda telefonika]

Notfälle

Ich brauche einen Arzt / Zahnarzt.	Ho bisogno di un medico / dentista. [o bisonjo di un mädiko / dentista]

Rufen Sie bitte einen Kranken- wagen / die Polizei.	Chiami un'ambulanza / la polizia, per favore. [kjami un_ambulanza / la polizia per faworе]
Wir hatten einen Unfall.	Abbiamo avuto un incidente. [abbjamo awuto un intschidänte]
Wo ist das Polizeirevier?	Dov'è la polizia? [dowä la polizia]
Ich bin bestoh- len worden.	Mi hanno derubato. [mi anno derubato]
Mein Auto ist aufgebrochen worden.	Hanno forzato la mia macchina. [anno forzato la mia makkina]

Essen und Trinken

Die Speise- karte, bitte.	Il menu per favore. [il menu per faworе]
Brot	pane [pane]
Kaffee	caffè / espresso [kaffä / esprässo]
Tee	tè [tä]
mit Milch / Zucker	con latte / zucchero [kon latte / zukkero]
Orangensaft	succo d'arancia [sukko darantscha]
Mehr Kaffee, bitte.	Un altro caffè, per favore. [un altro kaffä per faworе]
Suppe	minestra [minästra]
Nudeln	pasta [pasta]
Fisch / Meeresfrüchte	pesce / frutti di mare [pesche / frutti di mare]
Fleisch	carne [karne]
Geflügel	pollame [pollame]
Beilage	contorno [kontorno]
vegetarische Gerichte	piatti vegetariani [pjatti wedsehetarjani]
Ei	uovo [uovo]
Salat	insalata [inßalata]
Dessert	dolci [doltschi]
Obst	frutta [frutta]
Eis	gelato [dsehelato]
Wein	vino [wino]
weiß / rot / rosé	bianco / rosso / rosé [bjangko / rosso / rose]
Bier	birra [birra]
Aperitif	aperitivo [aperitiwo]
Wasser	acqua [akua]
Mineralwasser	acqua minerale [akua minerale]
mit / ohne Kohlensäure	gassata / naturale [gassata / naturale]
Frühstück	prima colazione [prima kolazjone]
Mittagessen	pranzo [prandso]
Abendessen	cena [tschena]
eine Kleinigkeit	uno spuntino [uno spuntino]
Ich möchte bezahlen.	Il conto, per favore. [il konto per faworе]

Es war sehr gut / nicht so gut.	Era molto buono. / Non era buono. [ära molto buono / non ära buono]

Im Hotel

Ich suche ein gutes / nicht zu teures Hotel.	Cerco un buon albergo / un albergo economico. [tscherko un buon albärgo / un albärgo ekonomiko]
Ich habe ein Zimmer reserviert.	Ho riservato una camera. [o riserwato una kamera]
Ich suche ein Zimmer für ... Personen.	Cerco una camera per ... persone. [tscherko una kamera per ... perßone]
Mit Dusche und Toilette.	Con doccia e servizi. [kon dotscha e serwizi]
Mit Balkon / Blick aufs Meer.	Con balcone / vista sul mare. [kon balkone / wista sul mare]
Wie viel kostet das Zimmer pro Nacht?	Quanto costa la camera per notte? [kuanto kosta la kamera per notte]
Mit Frühstück?	Con prima colazione? [kon prima kolazjone]
Kann ich das Zimmer sehen?	Posso vedere la camera? [posso wedere la kamera]
Haben Sie ein anderes Zimmer?	Avete un'altra camera? [awete un_altra kamera]
Das Zimmer gefällt mir (nicht).	Mi piace la camera. / La camera non mi piace. [mi pjatsche la kamera / la kamera non mi pjatsche]
Kann ich mit Kreditkarte bezahlen?	Posso pagare con carta di credito? [posso pagare con karta di kredito]
Wo kann ich parken?	Dove posso mettere la macchina? [dowe posso mettere la makkina]
Können Sie das Gepäck in mein Zimmer bringen?	Mi può portare i bagagli in camera? [mi puo portare i bagalji in kamera]
Haben Sie einen Platz für ein Zelt / einen Wohnwagen / ein Wohn- mobil?	C'è ancora posto per una tenda / una roulotte / un camper? [tschä angkora posto per una tända / una rulott / un kamper]
Wir brauchen Strom / Wasser.	Abbiamo bisogno di corrente / acqua. [abbjamo bisonjo di korränte / akua]

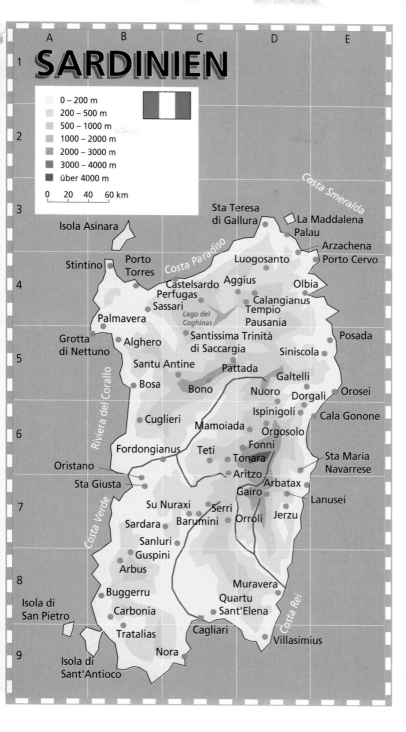

Register

Fortsetzung auf S. 120

HI NEW YORK.

Jede Reise verdient
einen Höhepunkt.

 **Condor**
Ihr Sonnenflieger

Ihr Urlaub: die schönsten Wochen des Jahres. Wir sorgen dafür, dass er
früher anfängt und länger dauert. Nehmen Sie entspannt Platz: dank unseres
großen Sitzabstands kein Problem. Eine Flotte, die zu den jüngsten der Welt
gehört, bringt Sie ganz nach oben. Unser Familienservice lässt die Reise zum
Kinderspiel werden. Oder Sie lassen sich so richtig verwöhnen: in unserer
Comfort Class. 69 Sonnenziele machen das Aussteigen leicht. Und das Miles
and More Programm sorgt für ein baldiges Wiedersehen. Mehr Informationen
erhalten Sie in Ihrem Reisebüro oder im Internet unter www.condor.com.
Natürlich können Sie auch bei uns direkt anrufen: 0 61 07/93 98 88.

Süditalien

Viel Spaß in Süditalien! Die wichtigsten
Sehenswürdigkeiten, die schönsten Strände,
zahlreiche Adressen und Tipps – wir zeigen
Ihnen, was es zu sehen gibt.

ALLE HIGHLIGHTS
Versäumen Sie nicht die unvergesslichen
Highlights Ihres Reiseziels!

EXTRA-TIPPS
Wo ist was los? Wie komme ich hin?
Was muss ich wissen? Hier finden Sie
viele Extra-Tipps und Infos.

EXTRA-SERVICE
Tabellen zu Preisniveau, Klima, Entfer-
nungen im Land. Alle Städte mit extra
Flughafeninfo.

HINTERGRUND-INFO
Interessantes und Wissenswertes
zur Kultur, dazu ein Sprachführer und
landestypische Rezepte.

Weitere Informationen unter:
www.polyglott.de

ISBN 3-493-60027-5

9 783493 600278